公法与法治文丛

总主编：谭宗泽　周祖成

江北县地权变动与社会变迁
（1949—1953）

陈翠玉　著

知识产权出版社
全国百佳图书出版单位

图书在版编目（CIP）数据

江北县地权变动与社会变迁：1949—1953/陈翠玉著．—北京：知识产权出版社，2016.6

（公法与法治文丛）

ISBN 978-7-5130-4100-3

Ⅰ.①江… Ⅱ.①陈… Ⅲ.①土地改革—研究—江北县—1949—1953 Ⅳ.①D651.1

中国版本图书馆CIP数据核字（2016）第056842号

内容提要

土地是一切社会财富的源泉。土地制度是社会的基本制度，土地制度的变革乃是整个社会变革的基础。本书力图以几乎尚未被学界利用的西南江北县档案材料为主要依托，对新中国成立初期的地权变动与社会变迁问题进行梳理和分析，理性反思其间蕴含的独特革命模式和社会变迁方式，并由此考察其对中国社会及法制建设的深远影响。

责任编辑：张水华　甄晓玲　　　　**责任出版：**卢运霞

江北县地权变动与社会变迁（1949—1953）

陈翠玉　著

出版发行：	知识产权出版社有限责任公司	**网　　址：**	http://www.ipph.cn
社　　址：	北京市海淀区西外太平庄55号	**邮　　编：**	100081
责编电话：	010-82000860转8389	**责编邮箱：**	miss.shuihua99@163.com
发行电话：	010-82000860转8101/8102	**发行传真：**	010-82000893/82005070/82000270
印　　刷：	北京中献拓方科技发展有限公司	**经　　销：**	各大网上书店、新华书店及相关专业书店
开　　本：	787mm×1092mm　1/16	**印　　张：**	11
版　　次：	2016年6月第1版	**印　　次：**	2016年6月第1次印刷
字　　数：	200千字	**定　　价：**	32.00元

ISBN 978-7-5130-4100-3

总 序

公法和私法划分的观念可以溯至古罗马时期，时有伟大法学家乌尔比安为之代言："公法涉及罗马帝国的政体，私法则涉及个人利益。"鉴于罗马法对欧洲法学的巨大影响，这种分类遂流行于大陆法系的法学理论。19世纪伊始，权力向国家的逐渐集中带来了公法的日趋繁盛，公法与私法判然有别亦为必然。然而19世纪末叶私法独立于国家与社会的观念却趋于消隐，私法公法化似不期而至。虽屡遭批判，公私法的划分并未沦为大陆法系的历史遗迹，反而因对英美法系的成功植入而具有了普适性。公法学家不再是德法等欧陆国家的专利，我们同样见证了美国法学旗帜从肯特、斯托里、卡多佐、霍姆斯向沃伦、马歇尔、伦奎斯特等宪法阐释者的传递。必须承认，各国思想起点不同，历史发展不同，公法理论亦有所差别。然而正如著名公法学家莫里斯·奥里乌（Maurice Hauriou）所言，政治权力与法律之间关系的难题应当是一切公法理论的轴心。据此，公法理论的对象既是政治的，也是法学的，国家不仅仅是支配和管理的体系，也是法律制度的集合。因此，国家与法律之间的关系、国家如何顺服法律之治即为全部焦点所在。

中国法治进程道路艰险，历经曲折，不啻为一次新的长征。过往无须赘述，前景尚待明察。目前，全面推进依法治国、加快建设法治中国的基调业已定下，这就要求我们必须坚持依法治国、依法执政、依法行政共同推进，坚持法治国家、法治政府、法治社会一体建设。作为一项宪法原则的法治原则，具有极为丰富的含义。但如果搁置宏大叙事，转向一种极简主义的立场，就意味着所有人、所有权力，不管是公共的，还是私人的，都应受到公开而事先颁布的法律的约束，并得以分享其利益。鉴于长期与人治思维搏斗的特殊语境，如何限制当权者的恣意权力仍然是我国法治事业的第一要务。但同时也要看到，法治的目标在社会，在人的生活与生存状态。就此而言，法治并非目的，只是达成理想社会状态的手段，我们不能从一个无视法律的社会状态走入一个刻板地遵从法律的社会状态。以法为名而无视人的生活与生存，甚至践踏人的人格尊严，绝对不是法治所应有的状态。法治不是简单的法律之治，不是简单的严格执法，法治是一种价值追求和权利得到普遍尊重的社会存在状态，不同的利益诉求都能在法律上找到合理的平衡并有效协调各种冲突，法治是实现人类美好生活的重要路径选择。我们之所以崇尚法律，不是因为其是法律，而是因其符合我们的生活需求，使我们能协调共存和协同发展。法律以社会为基础，通过法律的社会作用建设法治中国，实现国家富强和人民幸福，这才是我们的目的。在法治建设的过程中，固然需要借鉴有益的理论与经验，但并无普遍适用的模式与方法，从中国实际出发，根据中国问题创造性地寻求自己的发展道路，才是正道。中国如何走向法治，如何不致误入歧途乃至背道而驰，如何把法治与人的幸福生活有机协调，使法律以其规范功能在平衡不同利益冲突过程中展现社会的发展空间和道路选择，提升人类文明，是法治建设不能不注意的问题。正因如此，基于中国特色的法治理论对于当下中国之法治实践意义非凡，也是本文丛希冀有功于此的目标指向。

与法治事业的发展同步，我们也强烈地感受到近年来学界的成长与潜能。优秀丛书精彩纷呈，应接不暇；青年才俊纷纷涌现，活力无限，他们既是动力之源，也是未来的生力军。在建设法治中国的大背景下，作为法学研究者的担当和对创新的追求，我们策划了这套文丛，期望为优秀作品助产，为杰出学者铺路，为学术大厦添砖。

西南政法大学向来重视学术研究和学术传承，既深入经典，又关注现实，一直在学术道路上辛勤耕耘。行政法学院作为学校一个重要的法学院，在组建时就被要求承担起公法和理论法学的教学与研究重任，故学院集中了全校相关方面的研究力量，这为学院的发展奠定了良好的基础。在老一辈学者的艰辛努力、带动和培养下，学院师承相继，薪火相传，造就了一大批优秀的中青年学者，他们辛勤育人，笔耕不倦，为学术繁荣和学院发展做出了重要贡献。学院作为教学和学术研究的组织者，志在通过提供条件和服务，让每位老师都能全身心投入教学和科研。在这一过程中，我们提倡和鼓励有组织的科学研究，通过团队组织集体攻关，研究一些重大的学术问题，并在相互研讨启发中寻求学术突破。为展现大家的研究成果，也为使研究更加系统和有针对性，我们组织出版这套文丛，衷心希望得到各位同人的关注和指教。

谭宗泽　周祖成

2014 年 9 月于重庆

目 录

绪 论 ………………………………………………………………………… (1)
一、研究文献梳理 …………………………………………………………… (2)
二、研究问题的提出 ………………………………………………………… (9)
三、对研究方法与资料的说明 ……………………………………………… (12)
第一章 地权变动的背景 ………………………………………………… (14)
一、新中国成立初期江北县地权变动的时代背景 ……………………… (14)
二、新中国成立初期江北县地权变动的制度背景 ……………………… (18)
三、新中国成立初期江北县地权变动的起点：封建土地关系 ………… (21)
四、新中国成立初期江北县地权变动的整体情况 ……………………… (30)
第二章 地权变动的前提工作：清匪反霸和减租退押……………… (32)
一、清匪反霸和减租退押工作的实践概况 ……………………………… (33)
二、地主破坏清匪反霸和减租退押的花样 ……………………………… (35)
三、清匪反霸和减租退押的效果 ………………………………………… (37)
第三章 地权变动的依靠力量：群众运动 ………………………… (41)
一、发动群众运动的实践做法 …………………………………………… (42)
二、群众运动的经验与偏差 ……………………………………………… (51)
三、小结：出现偏差的深层原因 ………………………………………… (55)
第四章 地权变动的组织条件：农民协会的整顿 ………………… (57)
一、农民协会整顿的制度建设 …………………………………………… (58)
二、整顿农民协会的具体实践 …………………………………………… (60)
三、整顿农民协会的效果 ………………………………………………… (65)

四、小结：农民协会的性质、作用和历史命运 …………………（68）

第五章　地权变动的阵营区分：阶级成分的划分 …………………（72）

一、阶级成分划分的制度建设 …………………（73）

二、阶级成分划分的具体实践 …………………（77）

三、小结：阶级成分划分的人为建构性及其对乡村社会的影响 ……（84）

第六章　地权变动的最终实现：土地及其他资料的重新分配 …（88）

一、土地及其他资源重新分配的制度建设 …………………（89）

二、土地及其他资源重新分配的具体实践 …………………（96）

三、土地改革复查与土地证的颁发 …………………（107）

四、小结：土地和其他资源的重新分配及其对乡村社会变迁的影响 …………………（110）

第七章　地权变动的司法保障：土改人民法庭的组建与运作 …（115）

一、土改人民法庭组建与运作的制度建设 …………………（115）

二、土改人民法庭组建与运作的具体实践 …………………（121）

三、小结：土改人民法庭的性质、作用及其对未来法制建设的影响 …………………（125）

第八章　地权变动后的农村社会变迁 …………………（130）

一、地权变动后的制度建设 …………………（131）

二、地权变动后的民主建政具体实践 …………………（134）

三、地权变动后的乡村社会权力变迁 …………………（139）

四、地权变动后的农民思想及阶层结构变化 …………………（144）

五、小结：地权变动后农民的身份转变及社会心理变化 …………（148）

第九章　总体评价 …………………（149）

一、地权变动与农村经济发展 …………………（149）

二、地权变动与农村组织网络的构建 …………………（151）

三、地权变动与“运动型”治理方式的确立 …………………（153）

四、地权变动对未来社会及法治建设的影响 …………………（155）

结　语 …………………（158）

参考文献 …………………（159）

绪 论

地权是全部社会关系的高度浓缩，在本质上体现着人与人之间的关系。地权变动乃是整个社会变革的基础。在中国封建社会，兼并与反兼并一直是土地史的主线。千百年来，农民们最强烈的愿望就是获得土地及其收益。中国共产党自成立起就以解决农民土地问题为使命，始终沿着“耕者有其田”的目标前进。

中华人民共和国成立后，党领导群众进行了轰轰烈烈的土地改革运动，使中国农民获得了其赖以生存的土地。新中国成立初期的土地改革运动，确立了土地的农民私有化产权制度，实现了新生的共和国政权依据国家意志重新整合土地产权制度安排的目标。这场以变革土地产权为核心的农村运动，带来了农村地权的颠覆性变革，所确立的“耕者有其田”的农民土地产权，使得大多数农民获得了相对公平的机会，这也是20世纪50年代初期农业取得恢复性增长的重要原因。当然，地权变动在实现“耕者有其田”的同时也产生了地块分散、户均土地面积狭小、难以开展大规模农业机械化的推广等问题。

新中国成立初期地权变动运动的推行，其意义不仅在于实现了土地所有制度的变迁和为中国共产党自身奠定了政治合法性的基础，更在于借此在全国范围内实现了乡村社会经济结构、政治结构和心理结构的实质性转变，并为整个20世纪后半期中国乡村更宏伟的“有计划的社会变迁”提供了条件。可以说是近代以来中国乡村最激烈、最深刻的一次经济、政治与社会改革。

中国共产党的革命之所以能取得胜利，一个关键的因素就在于进行了土地改革、实现了地权变动，极大地调动了广大农民的革命积极性，赢得了他们对共产党的认同和支持。就连蒋介石退居我国台湾后也认为没有搞好土地改革是自己失败的最重要原因之一。[1] 中国共产党通过土地改革赋予了农民对农地的所有权，实现了“耕者有其田”的历史承诺。从制度变迁的角度来看，这次土地改革很大程度上是一种强制性变迁，是由国家通过一系列立法及行政命令自上而下地施行的。这场运动中蕴含着超越“耕者有其田”这一纯粹经济目标之外的内容，足以帮助党和国家实现乡村民众动员和乡村社会治理的政治目标。

在新中国成立初期土地改革明确土地私有权之后，地权制度探索的脚步似乎并未停止。此后中国又经历了数次地权制度的调整与变革。从农业合作化确立明确的土地集体所有权，再到人民公社化确立不明晰的土地所有权直至以联产承包责任制为标志的农村经济体制改革，地权变动不可谓不频繁。与地权变动相伴随的往往是农民的生产生活方式和社会心理的变化、社会结构及农民与国家关系等方面的转型。

从现实角度看，地权问题仍是当今“三农”问题的核心问题。中国的工业化和城市化进程伴随着大量地权问题的出现，这些因地权设计和调整引发的问题极易导致国家与农民之间的矛盾冲突。当前我国农地集体所有、家庭联产承包为主的农地模式产权主体模糊、按人均包的分配方式致使土地经营分散，加上农业技术整体水平不高，与农业现代化的要求相去甚远，以至于农业生产效率低下。可以说，目前农村地权关系仍是问题重重且亟待解决。学界对于地权改革仍是莫衷一是、观点各异。制约中国农村经济发展的一个关键性因素是土地归属、使用问题未能得到很好的解决。这也成为近些年来我国产权制度建设中的一个老大难问题。总之，研究新中国成立初期的地权变动和社会变迁问题具有紧迫的现实意义，有助于我们理清当下中国农村地权问题和社会治理问题的来路和去向。

一、研究文献梳理

土地问题向来是学界研究的一大热点，围绕中国农地问题的研究成果可谓

---

[1] 不可否认的是，蒋介石和国民党当局曾试图秉承孙中山先生“平均地权”的遗志，推行土地改革，并为此出台了大量政策法规，但却始终未能认真推动土地改革的开展。在蒋介石看来，这是导致国民党最终败给共产党的重大原因之一。就国民党土地改革失败的原因，蒋介石说道：“所可惜的是我们有完善的主义、政策、计划和方案，却缺乏具体精密的方法和笃实践履的行动……过去我们的失败，就失败在虽有计划，而没有行动，虽有行动，而缺少方法，即使有了行动，而又是与现实不合的……没有方法，亦就不能获致效果。”（参见中共中央党校党史教研室编：《三民主义历史文献选编》，中共中央党校科研办公室 1987 年版，第 435 页。）

汗牛充栋。仅就新中国成立初期的农村地权问题而言，虽已出版了数量庞大的著述，但现有研究多集中于提出各种农地制度理论模式的预设，真正实证的历史考察并不多，特别是对于新中国成立初期地权变动即土地改革运动的研究还有待加强。对学界的研究成果，笔者在这里略做简单梳理。

1. 我国大陆学界的研究状况

新中国成立初期，除中共党史、中国革命史、中国近现代史等教材中对新中国成立初期的地权变动问题多有涉及外，学界也陆续出现了一些研究地权变动和土地改革的专著，如成汉昌的《中国土地制度与土地改革——20 世纪前半期》（中国档案出版社，1994 年）、孔永松的《中国共产党土地政策演变史》（江西人民出版社，1987 年）、赵效民的《中国土地改革史（1921—1949）》（人民出版社，1990 年）、杜润生的《中国的土地改革》（当代中国出版社，1996 年）、张永泉等的《中国土地改革史》（武汉大学出版社，1985 年）、何东等的《中国共产党土地改革史》（中国国际广播出版社，1993 年）、董志凯的《解放战争时期的土地改革》（北京大学出版社，1987 年）、张永泉的《第三次国内革命战争时期的土地改革》（杭州大学出版社，1994 年）、罗平汉的《土地改革运动史》（福建人民出版社，2005 年）、罗红云的《中国农村土地制度研究（1949—2008）》（上海财经大学出版社，2012 年）以及钟怀宇的《中国土地制度变革的历史与逻辑》（西南财经大学出版社，2014 年）等。这些著作大多以党内高层文件和相关报刊为主要资料，梳理了中国共产党在各个历史时期进行土地改革的来龙去脉，并对土地改革的过程做了比较全面的描述。其中大多数著作从总体上考察了共产党土地制度变革的全部历程，从建党初期关于农民问题、土地问题的粗略认识直到新中国成立前后规模宏大的土地改革实践，细致地描绘了共产党土地制度变革的整体面貌。但这些研究成果大都侧重于肯定土地改革的历史功绩和积极意义，没有很好地总结土地改革的失误和教训。

近些年来学界对这方面的研究逐步深入，出现了一批超越过去局限并有一定学术价值的研究成果。例如，张静在《基层政权：乡村制度诸问题》（浙江人民出版社，2000 年）一书中，对新中国成立初期阶级划分理论、合作化时期党在农村的阶级政策等做了分析，认为新中国成立初期党和政府所推行的“阶级一致观念”指导下的做法，是“出于出身成分及阶级阵线一致的理想信念”；对农村基层政权的改造，也是“通过建立阶级阵线”来实现利益的真正联系，而不是“增加他们对于个人命运、土地资源、公共事务的掌握，增加他们的知情、参与甚至监督权”。这种做法不能消解“相同的出身成分、相同的阶级，可以被不同的身份、不同的目标的角色所改变、所离间的”状况。张鸣的《动员结构与运动模式——华北地区土地改革的政治运作（1946—1949）》（《21世纪》网络版，2003年6月号）一文，堪称我国大陆历史学者对以往土地改革研究的突破。作者完全从政治运动、民众动员的角度出发，将土地改革视为一个权力运作过程和农民动员过程，提出要对运动背后隐含的深刻功利动因和运动给乡村社会带来的社会结构、文化权力变化予以关注。其主要内容和观点包括：解放战争时期土地改革的最大特征在于形式的暴力化取向和内容的边缘化取向（最大限度满足贫农利益，目的就是乡村动员、获取战争所需资源）；对工作队入住乡村、绕开原有权力组织、发动贫农培养新积极分子的“运动模式”做了分析；提出“运动剧场”概念，意指营造一种群情激愤、相互感染的斗争氛围，使人置身于一种特定的剧场，人人都投入剧情之中，步入带有血腥味的狂欢，导致仇恨和愤怒升级，赋予行动以正当性，群众运动变成了运动群众，动员的任务得以实现；分析了土地改革中共产党如何运用典型塑造法、纠纷提升法、迂回归罪法、揭露伪善法等办法将农民的日常伦理转换为运动伦理，在穷与善、美之间建立等式关系。王友明的《解放区土地改革研究（1941—1948）——以莒南县土地改革为个案》（上海社会科学院出版社，2006年）着重于土改中的地权变动和民众动员的研究，对山东莒南县的减租减息、土改、反特复查的过程进行了细致梳理。张佩国的《山东老区：土地改革与农民日常生活》（《21世纪》双月刊，2003年4月）一文从农民日常生活的话语与道德逻辑来认识土地改革实践。他认为民众的日常生活实践组成了地方性知识和地方性制度，在正式的制度安排向乡村的地方性知识渗透过程中，官方文本中革命的意义已逐渐让位于民众的日常生活世界。李里峰的《变动中的国家、精英与民众——土地改革与华北乡村权力变迁》（南开大学历史系博士后报告，2004年）则集中论证了土地改革与基层政权建设的关系，不再把土地改革看作一个纯粹的历史事件，而将其视为国家权力渗透、农民国家观念形成、村庄权力空间建构、农民大众记忆重塑等的一种重要机制；不再把土地改革看作完全由国家主导的历史进程，而将其视为国家、基层精英、乡村民众之间的一种复杂互动过程。张小军的《阳村土改中的阶级划分和象征资本》（《中国乡村研究》第2辑，商务印书馆，2003年）在研究福建阳村土地改革时，则把焦点聚集于阶级划分中的象征资本生产上。李放春的《北方土改中的“翻身”与“生产”：中国革命现代性的一个话语——历史矛盾溯考》（《中国乡村研究》第3辑，商务印书馆，2005年）提出了一种贴近经验的解释策略，试图在中国革命现代性的视域下重新审视北方土地改革，并通过具体考察翻身与生产这一矛盾话语的历史生成，来揭示北方土地改革的一个革命现代性后果。莫宏伟的《新中国成立初期的广东土地改革研究》（中国社会科学出版社，2010年）比较系统地阐释了广东土地改革的经济政治社会状况、土地改革的具体方针政策、土地改革的预备和过程、土地改革中的整队问题、华侨问题和土地改革对农村社会的具体影响，并对广东土地改革运动进行了评价，较为全面地展现了新中国成立初期地区性土地改革面貌。陈世伟的《土地流转背景下的村社治理研究——基于浙江镇海乡村社区的实证考察》（中国社会科学出版社，2012年）以专门章节论述了土地改革与乡村治理体系的重建以及土地改革时期国家与农民的关系，他认为土地改革摧毁了国民党统治的政权基础和组织基础，构建了以共产党组织为核心、农民协会为主体的农村基层组织，改变了农村的政治结构和格局，土地改革使农民得到了解放，土地改革时期是国家和农民的“第一次蜜月时期”。史海泉的《土地改革与乡村变迁——以西北边疆为视角》（中国政法大学出版社，2014年）详细论述了新疆土地改革的过程，并从农业生产、农村秩序的建构与稳定、乡村文化心理的变迁三个方面对新疆土地改革的效果进行了评估，作者认为土地改革不仅仅是土地所有制的变迁，更强调土地改革的社会影响。

此外，20世纪90年代中期以来以北京大学为主开展了大型口述史研究计划。该计划试图通过对精心选择的若干村庄进行长期口述调查，全面、深刻地揭示中国乡村社会变迁中的各种重要问题和机制。目前已有多篇颇具价值的以地权变动相关内容为主题的研究成果面世，其中大多数为北京大学社会学系的硕士博士学位论文。例如，郭于华、孙立平的《诉苦：一种农民国家观念的形成机制》（《中国学术》，2002年第4期）一文，认为诉苦是中国革命中重塑普通民众国家观念的一种重要机制，其作用在于运用诉苦运动中形成和创造的种种“技术”将农民日常生活中的苦难提取出来，与国家、社会话语相联系，通过“归因”等办法建立旧的消极国家形象，通过翻身意识建立新的积极国家形象。李康的《西村十五年：从革命走向革命——1938—1952冀东村庄基层组织机制变迁》（北京大学社会学系博士学位论文，1999年）采用大量口述资料，考察冀东一村庄十几年间（尤其是土地改革运动前后）在经济活动、社会关系、政治参与、组织意识、自我认同等方面的变化，尤其是农民参与村外制度和世界历史、现代国家观念深入农民心中的过程。方慧容的《“无事件境”与生活世界中的“真实”——西村农民土地改革时期社会生活的记忆》（北京大学社会学系硕士论文，1997年），考察了西村农民关于土地改革的记忆，提出“无事件境”的概念来描述传统农民感知世界的方式，并探讨了调查研究权力对农民大众记忆的重塑。郭金华的《有差异的诉苦与土改目标的实现——作为一种社会主义运作机制的公共表达》（北京大学社会学系硕士论文，2001年）分析了农民对土地改革时期的回忆讲述，考察了意识形态教育对农民社会生活的影响以及在农民参与土地改革存在很大差异的情况下土地改革目标何以实现。程秀英的《诉苦、认同与社会重构——对“忆苦思甜”的一项心态史研究》（北京大学社会学系硕士论文，1999年）通过分析忆苦思甜技术及其效果，描述了共产党对社会主义新人的塑造过程。毕向阳的《土改中的开会与村庄权力空间的建构》（北京大学社会学系硕士论文，2001年）分析了开会这一动员机制如何重塑乡村权力空间，并塑造出符合革命运动需要的多重权力主体。李放春的《历史、命运、分化的心灵——陕北骥村土改的大众记忆》（北京大学社会学系硕士论文，2000年）主要考察了陕北骥村农民对土地改革的大众记忆，对其表述的情感结构进行了描述和诠释。任道远的《革命形势下的阶级斗争——从农民行动的角度看土改时期的阶级斗争》（北京大学社会学系硕士论文，2002年）主要从农民形势判断和行为选择的角度分析土地改革，作者认为，革命动员就是通过发展组织、开展斗争、平分土地等方式在农村展开。这些研究成果虽然大多数尚未正式发表，但表明一种动态的形势；动员农民就是促使他们认清形势并将其行为纳入阶级斗争框架。这些研究以土地改革这一历史事件为考察对象，体现了鲜明的社会学学科特色，即都以单个村庄社区为考察对象，都以口述调查为主要资料，都具有较强的理论关怀。此外，南京大学的李良玉教授带领他的一批博士生、硕士生开展了以档案材料为支撑的新中国成立初期地权变动史研究，已有部分研究成果问世。如李良玉的《建国初期的土地改革运动》（《江苏大学学报社科版》，2004年第1期）、莫宏伟的《苏南土地改革研究》（南京大学历史系博士论文，2005年）、张学强的《乡村变迁与农民记忆：山东老区莒南县土地改革研究》（南京大学历史系博士论文，2004年）等。这些研究从历史学学科的角度，通过对土地改革档案的整理和分析，揭示了新中国成立初期那段鲜为人知的历史，为推动研究的深入做出了贡献。当然，还有许多研究人员从不同方面对土地改革进行了论证，这里不再一一列述。

2. 国外及我国台湾学界的研究状况

在英美学界，一些早期的通史性或其他类论著对新中国成立初期的地权变动问题略有提及，如费正清等编的《剑桥中华民国史（1912—1949）》（下卷）（中国社会科学出版社，1994 年）及《剑桥中华人民共和国史：革命中国的兴起（1949—1965 年）》（中国社会科学出版社，1990 年）、梅斯纳的《毛泽东的中国及其发展——中华人民共和国史》（社会科学文献出版社，1992 年）、莫里斯·迈斯纳的《毛泽东的中国与后毛泽东的中国》（四川人民出版社，1990 年）等。此外，英美学界还出版过一些研究专著。早期如韩丁的《翻身：中国一个村庄的革命纪实》（北京出版社，1980 年）以及克鲁柯夫妇的《十里店：一个中国村庄的群众运动》（北京出版社，1982 年）。这两本书在美国汉学界以及中国大陆学界均产生了较大影响，是任何研究土地改革的学者所不能越过去的。它们的共同特点是都采取了纪实文学的方式，“兼用了新闻记者、小说家、历史学家的笔法”写成；通过记述作者亲身见闻的方式，将土地改革描绘成世代受经济盘剥和文化压迫的农民翻身求解放的史诗性事件，并指出了土地改革与中国共产党如何赢得了农民并最终奠定革命胜利基础之间的关系，凸显了土地改革的积极意义和伟大业功绩。此外，还有 Jack Gray（1964）对中国土地改革的政治状况进行了细致评述[1]，John Wong（1973）、Victor Lippit（1974）、Ben Stavis（1976）则在其著作中探讨了土地改革在农业中的影响及其与经济发展的关系[2]，这些研究针对性强，有一定的深度。

对此，秦晖曾在其所著的《农民中国：历史反思与现实选择》（河南人民出版社，2003 年）一书中指出了改革开放后英美学界对中国地权变动问题的关注焦点。“除了土改的暴力程度、土改前地权不均程度及土改对富裕农民的

---

[1] Jack Gray，“Political Aspects of the Land Reform Campaigns in China，1947 - 1952”，Soviet Studies，1964，Vol. 16，No. 2.

[2] John Wong，Land Reform in the People's Republic of China，Institutional Transformation in Agriculture. New York：Praeger，1973；Victor Lippit，Land Reform and Economic Development in China，A Study Institutional Change Development Finance. White Plains，NY：International Arts and Sciences Press，1974. 对两部书的评论参见 Ben Stavis，“China and Comparative Analysis of Land Reform”，Modern China，1978，Vol. 4，No. 1.

影响等传统问题外，这一时期最有争议的问题是平均地权对农业，尤其是对工农业关系的作用。这其实不仅是中国的问题。在发展经济学与农村社会学中，国际上历来就有平均地权会促进家庭农场发展和会导致农民自给自足这两种对立的见解。”“在这些研究中，以 D. H. 珀金斯、V. 舍尔以及 B. P. 哈札德的观点最有代表性。D. H. 珀金斯持后一种看法，他认为租佃制并不影响农业生产效率，而土地改革虽改善了农民消费，却降低了中国农业生产的商品率，负面作用大于正面。与此相异，V. 舍尔的《过渡中的中国农民：向社会主义发展的动力》与 B. P. 哈札德的《农民组织与农民个人主义：土改、合作化与中共》都认为土地改革不仅给农民，而且给农业带来了好处。”

近些年来，英美学界涌现出一些值得关注的新成果。弗里曼、毕克伟、塞尔登的《中国乡村，社会主义国家》（社会科学文献出版社，2002 年）则以村庄的视角生动记述了土地改革运动的过程，并对韩丁在《翻身：中国一个村庄的革命纪实》中所描写的中国土地改革历史进行了质疑，但并没有对韩丁的描述做出明确剖析并指出其错误所在，而是直接给出了自己的理解和结论。他们认为：土地改革及其后的集体化不但没有解放农民，给贫苦农民以权力，反而将乡村中的权力交给了地痞和懒汉。即是说，革命并不意味着被压迫者对压迫阶级的胜利，而是使中国社会的不良分子得以掌权，且使潜存于中国文化中的恶劣习性与态度泛滥成灾。周锡瑞则在《重访中国革命：以情感的模式》（《中国学术》，2001 年第 4 期）中提出了以情感模式重新体察革命，“由于土地改革对战争时期根据地的建立十分关键，因此，正是通过精心编排的批斗会，农民才认识到了什么是土地改革。正如陈永发详细研究后所指出的那样：土地革命是作为一种大众化的戏剧表演而展开的，其目的是调动感情来实现共产党的革命目标”。另外，黄宗智的《中国革命中的农村阶级斗争》（《中国乡村研究》第 2 辑，商务出版社，2003 年，第 66 – 95 页）一文堪称近年来学界的力作，他特别注意考察了官方表述性话语同客观性现实两者之间的矛盾和背离情况，并注重挖掘土地改革“阶级话语”背后的潜台词。

在日本学界，田中恭子在《土地与权力：中国农村革命》（名古屋大学出版会，1996 年）中，论述了一年内战期间中共土地改革与革命动员之间的关系。作者否定了土地改革的经济意义，认为土地改革造成了社会的混乱、财力的破坏和浪费，造成了较大的经济损失，至少在短时期内没有明显的经济效益，莫如说其意义是政治上的，即中共权力渗透到村一级，在组织上，实行土地制度与权力结构的改革，旨在通过党支部掌握村干部，使村干部等成为党的政策的积极推进者，以确保农村的服从。因此，在作为解放区的农村，建立新的基层政权，就是最大的意义。此外，还有学者田原史起、古岛和雄等分别研究了新区土地改革与基层政权建设及中共在东北、华北、中南等地的土地改革与地权分配情况等，不再一一列述。

在我国台湾学界，很多学者在关注我国台湾土地问题的同时，也对大陆地权变动问题有所涉及。如陈永发的《中国共产革命七十年》（台北联经出版事业公司，2001 年）以及《内战、毛泽东和土地革命：错误判断还是政治谋略》（《大陆杂志》，1996 年第 1 ~ 3 期）、王松山的《中国大陆土地问题研究》（金玉出版社，1990 年）、朱秋霞的《中国大陆农村土地改革》（台北正中书局，1995 年）以及来璋的《海峡两岸土地改革之研究》（台湾国立中兴大学地政学系，1993 年）等。

二、研究问题的提出

据《辞海》的解释，“地权，指土地所有权，即土地所有者占有、使用和处理土地的权利”。[1] 而要解释所有权，在马克思那里，实际上就要分析整个社会生产关系，“给资产阶级的所有权下定义不外是把资产阶级生产的全部社会关系描述一番”。[2] 因而，地权在本质上体现了人与人之间的关系，是全部社会关系的高度浓缩。

本研究拟将地权变动实践与社会变迁纳入研究视角，通过细致全面地描述一个县域的具体情形，来考察乡村地权变迁道路和国家地权政策的利弊兴衰，并通过地权分配这一聚焦点来全面、透彻地考察中国乡村乃至中国社会所走过的变迁历程。

本书的研究时段设定在新中国成立初期（1950—1953 年），一方面是因为这样时间跨度较小，资料集中，可以避免空泛而谈，便于分析的深入；另一方面是因为新中国成立初期是中国从传统社会向现代社会过渡最为剧烈的

---

[1] 辞海编纂委员会：《辞海》1999 版彩图缩印本（音序）第一分册，上海辞书出版社 2001 年版，第 414 页。

[2] 《马克思恩格斯选集》（第 1 卷），人民出版社 1995 年版，第 177 页。

时期，甚至有学者认为此时期是 20 世纪中国第二次法律革命。当时中国社会及其经济、法律的状况可能成为今天新的历史条件下的历史源泉和宝藏。

本书以江北县为个案开展研究，主要基于以下考虑：一是从学术积累上看，以往研究多集中于华北、苏南等地区。在目前的研究格局中，西南地区几乎完全被忽略，很少有对西南地区地权变动的研究。但是要想获得总体把握和本质认识，就需要在全国范围各区域做详细全面的考察。因此，西南地区地权变动的研究亟待开展。二是偏居一隅的西南地区实际上有着明显区别于其他区域的较为独特的研究价值。西南地区少数民族众多，也是获得解放较晚的地区之一，且其中绝大多数地区从没有进行过土地改革，土地改革基础相对薄弱，而且境内多为山地又长期为国民党势力盘踞，土地改革形势严峻，任务繁重。三是以一个较小的县域单位为地权变动的考察对象，有助于研究更为精细地开展，避免因区域跨度太大或者问题不够集中而陷于空洞的弊端。因此，对江北县的研究有着独特的价值和意义。

江北县历史悠久。县境在周代属巴国领域，秦、汉至西晋属巴郡江洲县地。东晋永和三年（347 年）起属楚州巴郡枳县，县城在今渝北区洛碛镇。在清初，连年战争和天灾以后，江北境内人烟稀少，土地大量荒芜，清王朝明令外省贫民入川开垦，准其入籍，不论占地多寡，均为永业。这就是历史上所称的“湖广填四川”大移民，有上万人迁入江北境内。至清乾隆二十四年（1759 年）江北厅人口达 7 706 户，51 014 人。年复一年，人口繁衍，可耕地日少，清嘉庆十七年（1812 年）境内移达 37 990 户，102 039 人。迫于生计、权势的压迫和苛捐杂税的不断增加，农民逐渐将手中的土地典当、出卖，还有大量土地被官僚、豪绅、地主吞并和霸占，使大量的土地集中在少数人手里。民国初年（1912 年），孙中山先生提出“平均地权”的主张。民国十八年（1929 年），国民政府通过了《土地法原则》，次年又颁布《土地法》。抗日战争胜利后，于民国三十五年（1946 年）4 月重新颁布《土地法》，规定了个人占有土地的最高限额，企图扼制土地垄断，达到地利共享、充裕财政的目的。但由于封建制度的束缚，城乡土地被少数统治者垄断的局面丝毫未被触动，土地仍然集中在少数人手中。据 1946 年江北县政府统计，全县地主、半地主仅占总户数的 19.01%，而占有耕地 2 476 726 亩，占耕地总面积 3 174 690 亩的 78.01%。80.99%的农户仅占有耕地总面积的 21.99%。1949 年 10 月 1 日，中华人民共和国成立。是年 11 月 30 日，重庆市的近郊江北县解放，12 月 17

日江北县人民政府成立，隶属于川东行署璧山专区（后更名为江津专区、永川地区）。1952 年 11 月 3 日，四川省政府决定，将江北县划归重庆市管辖，次年 1 月 1 日又划回江津专区。1976 年 1 月，经四川省革命委员会批准，江北县划归重庆市管辖，至此，江北县隶属关系无变化。[1] 1994 年 12 月 17 日经国务院批准，江北县被撤销，在原有建制基础上成立渝北区，故本书中所称的江北县为当时说法。

江北县地理位置优越，自然资源丰富。县境位于四川盆地东部、长江北岸、嘉陵江东岸的三角地带。背靠华蓥山，面临重庆市区，南濒长江，西傍嘉陵江，分别有 41 公里、34 公里的江岸。东北与长寿县（现已更名为长寿区）接壤，北连邻水县，西北倚合川县（现已更名为合川区）、华蓥市，南和江北、南岸区毗邻，西南和东南分别与沙坪坝区和巴县隔江（嘉陵江和长江）相望。全县东西宽约 51. 9 公里，南北长约 61 公里，辖区面积为 1 944. 23 平方公里，属川东平行岭谷区，地势北高南低，最高海拔 1 460 米，最低点海拔约 159 米，在沙地乡幸福村东与长寿县接界的小溪入长江处，具有冬暖春早、秋短夏长、初夏多雨、无霜期长、湿度大、风力小、云雾多、日照少的气候特点。累年平均气温为 17. 1℃，历年平均日照为 1 341. 1 小时，平均无霜期为 319. 1 天，雨量充沛，年平均降水量为 1150. 7 毫米，地下水量大，过境地表水充足。县境内主要河流有御临河、温塘河、后河、黑水滩河，皆有上游水流平缓、下游多裂点瀑布的特点，有利于引提灌溉和梯级发电。全县有耕地 878 384 亩，其中田 461 226 亩，土 417 158 亩，人均耕地面积 0. 98 亩。由于土壤的多宜性、气候的多样性，因而物产丰富，粮食作物以稻谷、玉米、小麦、红苕为主；多种经营以生猪、油菜、桑蚕、柑橘、榨菜为主。大春作物产量通常占全年粮食总产量的 80% 左右，水稻产量又占大春作物总产量的 50% 左右。主要农副土特产品大多就近销往重庆市区。全县有森林面积 44. 7 万亩，1985 年森林覆盖率为 8. 25%。地下矿藏主要有煤、天然气等，煤储量探明为 13 840. 1 万吨，天然气储量探明为 73 亿立方米。

[1] 重庆市渝北区地方志编纂委员会：《江北县志》，重庆出版社 1996 年版，第 1 页。

三、对研究方法与资料的说明

1. 关于研究方法

中国法史学家瞿同祖先生提倡注重法律实施效果的研究进路。他认为："研究法律自离不开条文的分析，这是研究的根据。但仅仅研究条文是不够的，我们也应注意法律的实效问题。条文的规定是一回事，法律的实施又是一回事。某一法律不一定能执行，成为具文。社会现实与法律条文之间，往往存在着一定的差距。如果只注重条文，而不注意实施情况，只能说是条文的、形式的、表面的研究，而不是活动的、功能的研究。我们应该知道法律在社会上的实施情况，是否有效，推行的程度如何，对人民的生活有什么影响等。"❶

近年来，著名学者黄宗智先生也大力提倡一种结合社会学等学科的所谓"新法制史"的研究。他鼓励年轻学者多多使用档案这个发掘不多的资料，结合所谓"旧"经济史和社会史以及所谓"新"文化史的研究，来进行一种也许可以称作"新法制史"的研究。他认为："从经验研究的角度来说，它可以为我们发掘新的信息；而从理论研究的角度来说，它可能会有助于我们为中国历史寻找符合它实际的概念和理论。更重要的也许是新法制史有可能帮助我们跨过眼前学术界的代沟，也就是说'新'文化学和'旧'社会经济史以及'旧'法制史之间的代沟，也就是主观主义和客观主义之间的鸿沟。"❷ 本文力图将社会学的方法与历史学及法律学的方法相结合，通过以档案材料为主、当事人访谈材料为辅的史实梳理和分析，尽可能真实地描述江北县地权变动及社会变迁的历史，并结合当时的社会条件和历史背景展开深度理论分析。

2. 关于研究资料

很多法律实践活动的情况，往往被尘封在历史的迷雾和故纸的静默之中。为了将自己的研究建立在全面扎实的材料基础之上，笔者历时一年多时间，先后到各地的档案馆搜集档案资料，经过艰苦细致的搜集，已整理了大量资料。目前搜集到的研究资料，大体有以下几种：一是档案材料。这是本书所用资料

---

❶ 瞿同祖：《中国法律与中国社会》，中国政法大学出版社 2004 年版，导论。

❷ 黄宗智："中国法律制度的经济史、社会史、文化史研究"，《北大法律评论》第 2 卷第 1 辑，法律出版社 1999 年版。

中最多也是最核心的部分。其中，新中国成立初期江北县地权变动的档案资料相对保存较好，内容也较为丰富。此外，笔者还较为齐全地搜集了区域相关的西南地区部分行署或省及地市的档案材料。二是地方志及党史资料。在深入各地查找档案的过程中，笔者有意识地查阅复印了各地地方志和党史资料等作为辅助参考。三是口述史与田野调查资料。笔者曾先后花了两三个月的时间集中在江北县（大部分区域归到了今天的重庆市渝北区管辖）进行访谈调研工作，尽量充分利用时间深入乡村及土地改革亲历者家中，详细了解当时的土地改革状况，整理了部分口述史资料和田野调查资料。四是汇编资料及其他研究资料，如搜集了中共中央党校出版社 1981 年出版的《解放战争时期土地改革文件选辑》及其他相关资料。

但毫无疑问，本研究在资料掌握和使用上仍不可避免地存在着一定的局限性。一是资料零碎，缺乏系统性。资料涉及地权变动的方方面面，相当庞杂且相对零碎，资料间的关联性不够紧密。另外，笔者对资料的可信度保持着审慎态度。由于新中国成立初期政治运动一个接着一个，档案馆所保存的文件和地方上报的报告、经验总结、统计数据等无疑会存在一些偏颇，带上那个时代的烙印。如何处理资料中的偏差，对这些带着时代印痕的资料进行搜集、鉴别、取舍和利用，是本书写作过程中首先要面临的问题，对于笔者而言，这也是一个严峻的挑战。因此，笔者尽可能站在客观的立场上，就一份材料说一份话，运用这些资料反映特定区域特定时段历史，力求尽自己的最大努力还原历史的本来面貌。

第一章　地权变动的背景

一、新中国成立初期江北县地权变动的时代背景

1. 中央开展土地改革运动的总体情况

从《井冈山土地法》到《五四指示》再到《土地法大纲》，在新中国成立以前，共产党已经积累了相当丰富的解决土地问题的实践和制度经验。新中国成立初期，中国共产党不失时机地提出变半殖民地半封建的土地所有制为农民的土地所有制，出台了《中华人民共和国土地改革法》（以下简称《土地改革法》），进行了大规模的土地改革运动。

1949 年冬季，党首先在条件成熟的华北城郊和若干地区，在河南的一半地区，即总共约有 2 600 万农业人口的地区，完成了土地改革。在华北新解放区，各省普遍召开了干部会、举办了培训班，学习政策并培训准备参加土地改革的县、区、村三级干部。同时，在基层也普遍召开了各界代表会议或农民代表会议，发动群众，学习和讨论政策。各省一般于 1949 年 11 月开始进行重点实验，以取得经验，随后于 1950 年年初全面展开土地改革并进入高潮，大体经过了建立或整顿农协、反霸清算、划定阶级成分和调剂分配土地及农具等几个步骤，于春耕前完成了土地改革。❶ 与此同时，在其他地区的解放区，则开展了轰轰烈烈的清剿土匪、民主反霸和减租减息运动。

---

❶ 关于对这段土地改革运动的评价，刘少奇曾在全国政协第一届第二次会议的报告中指出："没有出大的偏差，进行得比较顺利，很少有破坏的事件发生。人民，特别是分得土地和其他生产资料的农民，对于这种土地改革是满意的。"（参见刘少奇：《刘少奇选集》下卷，人民出版社 1985 年版，第 29 页。）

1950年6月14日至23日，中国人民政治协商会议第一届全国委员会第二次会议在北京召开，这次会议的中心议题是讨论改革封建土地制度的问题。毛泽东向大会所致的闭幕词中指出："战争和土改是在新民主主义的历史时期考验全中国一切人们、一切党派的两个关。"他号召大家像过好战争关一样过好土改关，做一个完全的革命派。刘少奇在大会上做了题为《关于土地改革问题的报告》[1]，阐明了土地改革的重大意义和党的方针政策，就提交大会讨论的《土地改革法》（草案）做了具体说明。报告还提出1950年冬天完成300余县大约1亿农业人口地区的土地改革，1951年秋后和1952年秋后再完成1.64亿农业人口地区的土地改革，剩下的0.2亿左右人口的少数民族地区暂时不进行土地改革。[2] 刘少奇特别强调："总而言之，我们在今后的土地改革中，不能容许混乱现象的发生，不能容许在偏向和混乱现象发生之后很久不加纠正，而必须完全依照中央人民政府和各级人民政府所颁布的法令及其所决定的方针、政策和步骤，有领导地、有计划地、有秩序地去进行。因为我们今后的土地改革是历史上最大规模的土地改革，只有这样，才能符合最大多数人民的利益。"

中央特别强调，各地区的土地改革必须完全依照中央人民政府和各级人民政府所颁布的法令及其所规定的方针、政策和步骤，有领导地、有计划地、有秩序地去进行。从1950年秋开始，在"依靠贫农、雇农，团结中农，中立富农，有步骤地有分别地消灭封建制度，发展农业生产"的土地改革总路线的指导下，在以《土地改革法》为核心的一系列政策法令的规范下，一场中国历史上最大规模的土地改革运动，先后在华东、中南、西北和西南各大行政区蓬勃开展起来。从总体来看，各大行政区的土地改革运动都是在中央人民政府的统一领导与规划下进行的，都经过充分的准备，都能大体稳步有序地开展。土地改革开始前，各地均进行了清匪、反霸、减租和退押工作，并发动和组织了群众，改造了乡村政权。《土地改革法》颁布后，各区人民政府委员会（或军政委员会）先后召开专门会议，分析本地区的土地关系和阶级关系，制定具体的政策和计划，县以上各级人民政府均建立了土地改革委员会，随即在少数区乡进行典型试验，以取得经验、训练干部，然后由点至面加以推广。但与

---

[1] 刘少奇：《关于土地改革问题的报告》，重庆市档案馆藏档，全宗号：D类《中央政法公报》，目录号：6，案卷号：12。

[2] 刘少奇：《刘少奇选集》下卷，人民出版社1985年版，第30页。

此同时，由于各地实际情况的差异，各区土地改革实践也各有其特点。从规模来看，不够平衡。规模最大的是中南区，土地改革在约1.5亿人口的地区进行，次之是华东区，在约1.2亿人口的地区进行，这两个行政区的人口约占全国土地改革总人口的71%；西南区和西北区的人口分别占22%和7%。从时间及进展阶段来看，也不尽一致。华东区的土地改革自1950年年底到1951年年初、1951年年底到1952年年初分两批完成。中南和西北区的土地改革均从1951年秋冬开始到1953年春结束，分3批进行，而每批大体又避开农业季节自当年秋冬起至次年春止。西南区的土地改革直至1951年年初才开始进行，每3月、5月为1期，到1953年年初，连续分4期完成。

2. 西南地区开展土地改革运动的总体情况

西南地区山区众多，匪患严重，自古就是难治理之地。广大农村中地主阶级占有着绝大多数的农村土地，他们甚至与军阀、官僚、土匪结成强大的封建势力。西南地区又是一个民族众多且政治经济发展极不平衡的地区，加上解放较晚，全区中除了四川省北部通江、南江、巴中等县部分农村在第二次国内革命战争后期曾进行土地改革外，其他地区均属新区，此前从未进行过土地改革，因而土地改革基础相当薄弱，任务十分艰巨。

1949年10月中共中央西南局在湖南常德成立，中共中央任命邓小平为西南局第一书记，刘伯承为第二书记（兼任西南军政委员会主席），贺龙为第三书记。1950年6月28日，中央人民政府委员会第八次会议任命贺龙等6人为西南军政委员会副主席，于江震等87人为军政委员会委员，并任命了委员会秘书长、副秘书长。西南军政委员会集党、政、军三位于一体，为西南地区最高政权机关，隶属中央人民政府，领导机关驻重庆市。西南大行政区，除西藏尚待解放外，共辖川东、川西、川南、川北4个行政区，云南、贵州、西康3省等单位，总计有专区41个、省辖市4个、县375个、区2 348个，人口7 208.5万。[1] 西南大行政区的政治组织——政党、立法机关、行政机关、司法机关、军事机关、社会团体等也都在原有的组织体系基础上得以继续存在或新设，并形成了一个集权于中共中央局的权力配置结构。西南大行政区政权则居于单一制国家结构的中央与省、市、区之间，在中央的集权领导下又拥有着极大的自主权力。根据《中国人民政治协商会议共同纲领》（以下简称《共同纲

[1] “西南行政区划介绍”，《人民日报》1950年3月31日。

领》）和《大行政区人民政府委员会组织通则》的规定，西南军政委员会作为该区最高国家政权机构，具有相当大的自主性，拥有包括立法权、行政权和人事权等广泛的职权。[1]

在中共中央的统一安排部署下，以邓小平为首的中共中央西南局及其西南军政委员会领导西南人民开展了建政、清匪、反霸、减租、退押等一系列工作，为土地改革运动的开展提供了前提性条件。在中共中央西南局及其军政委员会的指导下，西南各地开展了轰轰烈烈的土地改革运动。邓小平多次主持西南军政委员会工作，讨论通过了各省区制定的土地改革实施办法或补充规定。各地人民政府依法成立了土改领导机关的土改委员会，并从城乡抽调干部和农村积极分子组成土改工作队，深入农户广泛发动群众，采取先实验后推广，由点到面，点面结合，稳步推进的办法来开展土地改革。总的来说，西南地区的土地改革运动主要分4期进行。第1期，从1950年11月开始，到1951年4月结束，完成了约1 316万人口（占全区总人口14%）的地区的土地改革。第2期，始于1951年5月，结束于1951年10月，共完成约2 476万人口（占全区总人口27%）的地区的土地改革。第3期，从1951年10月开始，到1952年4月、5月间相继结束，完成约3 600万人口的地区的土地改革。第4期，1952年秋开始，到1953年春结束，共完成约900万人口的地区的土地改革。第3期、第4期的土地改革涉及的地区多数属民族杂居地区，民族关系和阶级关系较错综复杂，且大都处在地广人稀、交通不便的山区。应该说，西南地区的土地改革进展相对是比较快的。到1952年4月、5月间，根据1、2、3期土地改革完成数合计，全区已完成约7 359万人口（占总人口81. 35%）地区的土地改革。到1953年春，除暂不进行土地改革的约600万人的少数民族地区外，全区已胜利地完成了土地改革任务。

---

[1] 1949年11月28日第8次政务会议通过的《政务院关于任免工作人员的暂行办法》第1条规定了政务院提请中央人民政府委员会批准任免的人员。其中乙项包括的是“大行政区人民政府主席、副主席、委员；大行政区人民政府秘书长、副秘书长、部长、副部长及其他同级人员；大行政区直属市市长、副市长、委员”，丙项包括的是“省人民政府主席、副主席、委员”。第2条规定的是政务院任免或批准任免的工作人员，其中丙项包括的是“大行政区人民政府的厅长、局长、处长与其副职及其他与以上各职同级之人员；省人民政府及中央直属市人民政府秘书长、副秘书长、厅长、局长、处长与其副职及其他与以上各职同级之人员；大行政区直属市人民政府秘书长、副秘书长、局长、副局长及其他与以上各职同级之人员；省直属市市长、副市长、委员；专员区专员、副专员、县长、副县长、委员。”（参见《人民日报》1950年1月6日，第1版。）

二、新中国成立初期江北县地权变动的制度背景

在1950年6月14日至23日召开的中国人民政治协商会议第一届全国委员会第二次会议提出了《土地改革法》[1]（草案），并于同月28日提经中央人民政府委员会讨论通过，于同月30日由中央人民政府正式公布。新颁布的《土地改革法》将土地改革的目标设定为："废除地主阶级封建剥削的土地所有制，实行农民的土地所有制，借以解放农村生产力，发展农业生产，为建国初期的工业化开辟道路。"整部法分为六章四十条。其中，第一章为"总则"，第二章为"土地的没收和征收"，第三章为"土地的分配"，第四章为"特殊土地问题的处理"，第五章为"土地改革的执行机关和执行方法"，第六章为"附则"。

围绕着《土地改革法》的实施，中央政务院还出台了一系列的配套政策法令。比如，为了指导土地改革执行机关和保障机关的筹建和运作工作，于1950年7月颁布了《农民协会组织通则》和《人民法庭组织条例》。再如，为了有效指导土地改革中阶级成分划分问题，1950年8月中央政务院出台了《关于划分农村阶级成分的决定》。又如，鉴于城市郊区的特殊性，中央政务院于1950年10月制定了《城市郊区土地改革条例》，作为《土地改革法》的补充，规定了处理城市郊区土地的征收、分配，国家建设用地的回收等问题的原则。此外，还就其他具体问题颁布了一系列的政策法令，如《铁路留用土地办法》（1950年6月）、《新解放区农业税暂行条例》（1950年9月）、《新区农村债务纠纷处理办法》（1950年10月）和《土地改革中对华侨土地财产处理办法》（1950年11月）等。这些政策法令从不同的方面对《土地改革法》进行了具体补充和完善，与《土地改革法》一起成为指导土地改革的重要文件，从而为新中国成立初期的土地改革有秩序地顺利推行提供了制度上的保障。

中央颁布的以《土地改革法》为核心的一系列政策法令无疑为土地改革的顺利推行提供了有力的保障。应该说，这些政策法令体系相当庞杂，内容涉

---

[1] 中央政务院：《中华人民共和国土地改革法》，重庆档案馆藏档，全宗号：D类《中央政法公报》，目录号：6，案卷号：12。

及土地改革的方方面面，但大多仍限于总体性和原则性的规定。因为中国共产党在全面执政之初，其治国理念尚不成熟，所面临的又是各地情况相差很大的复杂情势，加上中央对各地情况不十分了解，联系控制机构也不健全，不可能事无巨细地包揽包管一切事务。因此，中央只能授予各地领导机关较大的处理本地事物的权限。为此，各地区均根据本地实际情况进行了大量的制度建设，并在实践摸索中不断改进和完善相应规定。其中，解放较晚的西南地区在参照中央及其他地区经验的基础上，结合本地实际情况也进行了一系列的制度建设，以保证《土地改革法》在本地的顺利实施。

总的来看，西南各地在遵循调查研究、典型试验及民主征求意见等优良传统的基础上制定出来的这些政策法令，种类庞杂，内容丰富。从制度建设的主体上看，西南地区土地改革制度建设的主体主要有以下几个层面：西南局及其军政委员会或其他机构、行署或省委、地市、县，有的还包括镇。①西南局一级出台的土地改革政策法令，一般是基于对上级发布的政策法令的贯彻细化，或者是解答所辖下级机关的疑问或纠正其做法，最常见的则是针对本地实际问题做出的规定。就已掌握的档案材料看，主要有：《西南军政委员会关于在土地改革中解决公营工厂用地的指示》《西南区土地改革中山林处理办法》《西南军政委员会土地改革中对华侨土地财产的处理办法》《西南军政委员会关于制颁处理地主林木采伐原则的命令》《西南局关于二月份农村工作简况的报告》《西南财委关于正产物与应产量的解释》《西南财委对农业税中几个问题的解释》《西南局关于坚决不动中农果实的指示》《西南区生产救灾委员会关于生产救灾工作的通报》《西南军政委员会令做好整理田亩的工作》《西南区整理田亩试行办法》《西南军政委员会关于颁发土地证工作的指示》等。②行署或省一级出台的土地改革政策法令。就笔者已掌握的档案材料看，西南地区大多数行署或省都各自制定出台了土地改革政策法令，其中又以川东区行署最为典型，如《川东区土地改革实施办法》《川东区农民协会组织章程（草案）》《区党委关于组织民主人士下乡参加群众运动的指示》《川东区党委关于处理旧地方游击武装的指示及西南局的批示》《川东区人民法庭组织条例》《区党委对于秋后大规模群众运动力量组织的补充意见》《区党委关于纠正整顿农协工作中的偏向给各地电》《区党委组织部关于半年农村支部工作总结及今后意见》《区党委关于复查工作的指示》《区党委关于组织民主人士参加土地改革工作的指示》《区党委关于加强与改善报告制度的指示》《区党委关于加强与扩大农村重点建团工作的指示》《区党委关于省、区与县的边界之土地的处理意见》《行署再度宣布土改地区谁种谁收等法令》《行署关于保护森林的指示》《关于颁发土地证工作的指示》《区党委关于加强领导秋耕生产的指示》。另外，还有《对川东分配土地的改革的意见》《川东区党委对处理杨森等田产致各地委信》《川东区党委关于农代会情况向西南局的报告》等。③地市及县一级出台的政策法令。在土地改革的政策法令体系中，地市及县级也是重要的一环。很多地市及县在援引上级政策法令、参照其他地区经验教训的同时，也会根据本地的实际情况制定自己的政策法令。就江北县而言，主要有：《关于基层建政问题的意见》《江北县委关于执行地委巩固和发展宣传网的指示的计划》《关于农民协会组织几个主要问题的说明》《临时乡会议对划阶级成分等问题的请示》《县委关于发动群众整理组织划分阶级查封没收与地主进行斗争的指示》《江北党委关于土改中所指示的几个具体问题》《关于人民法庭工作的指示》等。

从制度建设的种类上看，主要有：布置工作类、批复下级请示类、解决本地实践问题类、经验推广及教训警示类、其他类等。布置工作类如《川东行署关于建立人民法庭的指示》[1]；批复下级请示类如《西南局对划分成分问题复川北区党委》[2]；解决本地实践问题类如《（川东）区党委对土地改革中处理有关工人农民共同利益上某些具体问题巩固工农联盟的指示》[3]；经验推广及教训警示类如《川东区党委关于省、区与县的边界之土地的处理意见》[4]；其他类如各级领导人的讲话等，如《邓小平副主席关于一九五一年的工作任务报告的决议》[5]。

从制度建设的内容上看，中央出台的以《土地改革法》为核心的一系列政策法令无疑是全国各地进行土地改革的根本指导规范。在遵照这些规定的基

---

❶ 中央人民政府政务院：《人民法庭组织通则》，重庆市档案馆藏档，全宗号：D类《川东资料》，目录号：685，案卷号：28。

❷ 中共西南军政委员会办公厅：《西南局对划分成分问题复川北区党委》，重庆市档案馆藏档，全宗号：D类《川东材料》，目录号：701，案卷号：38。

❸ 中共川东区党委：《区党委对土地改革中处理有关工人农民共同利益上某些具体问题巩固工农联盟的指示》，重庆市档案馆藏档，全宗号：D类《川东资料》，目录号：701，案卷号：46。

❹ 中共川东区委：《川东区党委关于省、区与县的边界之土地的处理意见》，重庆市档案馆藏档，全宗号：D类《川东资料》，目录号：701，案卷号：48。

❺ 邓小平：《邓小平副主席关于“一九五一年的工作任务报告”的决议》，重庆市档案馆藏档，全宗号：D类《西南政报》，目录号642，案卷号：5。

础上，各大区、省、地、市领导机关也往往会根据自己的实际情况制定相应的本地实施办法及其他相关规定来配合《土地改革法》的实施。具体到西南地区，围绕着《土地改革法》的实施，制度建设可分为三个层次：首先是西南局和西南军政委员会等出台的西南地区土地改革基本制度；其次是西南各地出台的土地改革总体部署和基本制度，如各地出台的土地改革实施办法或补充规定以及针对城市郊区和少数民族土地改革问题的特殊规定；最后是围绕实施《土地改革法》各阶段的具体环节及问题出台的相关政策法令。主要包括：土改宣传，发动群众，建立土改委员会和土改队，整顿壮大农协，组建人民法庭，划分阶级成分，没收、征收和分配土地及土改复查，颁发土地证，生产动员等。具体到江北县，其应遵循的主要制度规定为从中央到西南大区到所属川东行署以及县委制定的各类制度规定。

三、新中国成立初期江北县地权变动的起点：封建土地关系

中华人民共和国成立初期，我党面临的形势是错综复杂的。当时国民党上百万大军在华南和西南地区负隅顽抗。国民党反动派遗留下来的大批政治土匪和潜伏的各种反革命势力，还在进行各种破坏和颠覆活动。在3.1亿人口的新解放区尚未进行土地改革，地主阶级还没有被推翻。根据我党官方的说法：土地占有的一般情况是地主占有的土地及公地占30%～50%，富农占有的土地占10%～15%，中农、贫农、雇农占有的土地占30%～40%，小土地出租者占有的土地占3%～5%。[1] 广大农民由于没有生产资料，有力无处使。而极少数的地主却拥有大量土地，雇人耕种，过着不劳而获的生活，他们不仅经营农业，一部分还转向城市经营工商业。农民只能租种地主的土地，承受地主的地租剥削，更有交不起地租的只能到地主家做长工、打短工。就江北县而言，自近代以来，随着商品经济与城市化的发展，土地占有与使用状况、租佃制度都呈现出鲜明的特色。

1. 土地占有与土地使用

新中国成立前，占全县总人口7.75%的封建地主拥有田地总面积的57.78%，占总人口3.4%的富农占有田地总面积的5.84%，中农、贫农只有

[1] 刘少奇：《关于土地问题的报告》，《刘少奇选集》下卷，人民出版社1985年版，第32－33页。

少量土地，雇农没有土地。地主、富农多是良田沃土，中农、贫农则为瘠薄土地。地主、富农将田地出租给贫农、佃中农耕种，坐收高租、重押，或用极低的报酬雇用农民为其耕种。广大农民终岁辛劳，不得温饱。[1] 以江北县鸳鸯乡第六村为例，土地占有和使用情况如表 1－1、表 1－2、表 1－3、表 1－4、表 1－5 所示：[2]

表 1－1　江北县鸳鸯乡第六村各阶层土地所有调查比较表

阶层	户数	比重（%）	人数	比重（%）	田面积（石）	比重（%）	土面积（石）	比重（%）	备注
地主	46	18.85	146	13.96	2 869	76.45	37.5	74.55	1. 地主户数内有 19 户系在外地的 2. 地主人口系计算在村的，最近有 19 人移动了工作地点
半地主式富农	1	0.41	5	0.48	60	1.60	1.40	2.79	
富农	18	7.38	111	10.61	195	5.20	1.50	2.98	佃富农 12 户，78 人均在内
中农	66	27.05	395	37.76	519	13.82	5.70	11.33	佃中农 41 户，263 人包括在内
贫农	48	19.67	213	20.36	74	1.97	4.20	8.35	佃贫农 40 户，149 人包括在内
贫民	42	17.21	144	13.77					
雇农	20	8.20	24	2.30					
手工工人	2	0.82	6	0.57					
迷信职业者	1	0.41	2	0.19					
马路占用					36	0.96			马路占用田 36 石，原系地主所有
合计	244	100	1 046	100	3 753	100	50.30	100	

[1] 重庆市渝北区地方志编纂委员会：《江北县志》，重庆出版社 1996 年版，第 157 页。
[2] 江北县档案馆藏档，全宗号：180；目录号：1；案卷号：7。

表1－2　江北县鸳鸯乡第六村各阶层土地使用调查比较表

阶层	户数	占总户数比重（%）	人数	占总人数比重（%）	使用田（石）	比重（%）	使用土（石）	比重（%）	备注
地主	46	18.85	146	13.96	352	9.47	2.30	4.50	内12户（70人）使用土地（2户徙出）；余34户（76人）不使用土地
半地主式富农	1	0.41	5	0.48	20	0.59	0.70	1.39	
富农	18	7.38	111	10.61	723	19.44	3.60	7.13	内有自耕富农6户（2.46%），33人，（10.61%）
中农	66	27.05	395	37.76	2 074	55.80	18.10	35.74	内有自耕中农25户（10.24%），132人（11.66%）
贫农	48	19.67	213	20.36	548	14.70	19.90	39.54	内有贫农8户（3.27%）64人（6.11%）
贫民	42	17.21	144	13.77			4.50	8.94	内有贫民32户（13.12%）109人（10.25%）
雇农	20	8.20	24	2.30			0.80	1.56	内有18户（7.34%）22人（2.12%）无田土使用
手工工人	2	0.82	6	0.57			0.20	0.39	内有1户（0.40%），3人（0.19%）无田土使用
迷信职业者	1	0.41	2	0.19			0.20	0.39	
合计	244	100	1 046	100	3 717	99.91	50.30	99.58	

注：1. 全村总数以244户，人口以1 046人计算。

2. 田面马路占用36石除开未计，因未使用。

3. 12户地主使用土地，内有6户系夺佃，现已斗争收回处理中。

表 1－3　江北县鸳鸯乡第六村各阶层土地使用表（详细分表）

阶层	户数	占总户数比重（%）	人数	占总人数比重（%）	使用田（石）	比重（%）	使用土（石）	比重（%）	备注
地主	12	4.90	70	6.69	352	9.47	2.3	4.57	1. 内有6户系夺佃，现已斗争收回处理中 2. 另有34户不使用土地
半地主式富农	1	0.40	5	0.47	20	0.54	0.7	1.39	
（自耕）富农	6	2.44	33	3.13	175	4.71	1.5	2.98	
（佃耕）富农	12	4.91	78	7.48	548	14.74	2.1	4.17	
（自耕）中农	25	10.24	132	11.66	492	13.24	5.4	10.74	
（佃耕）中农	41	16.80	263	25.14	1 582	42.56	12.7	25.25	
（自耕）贫农	8	3.27	64	6.11	74	1.99	4.2	8.35	
（佃耕）贫农	41	16.42	149	14.25	474	12.75	15.7	31.21	
贫民	10	4.09	35	3.44			4.5	8.95	另有32户（109人）无土地使用
雇农	2	0.81	2	0.19			0.8	1.59	另有18户（22人）无土地使用
手工工人	1	0.40	3	0.27			0.2	0.40	另有1户（3人）无土地使用
迷信职业者	1	0.40	2	0.19			0.2	0.40	
合计	160	65.08	836	79.02	3 717	100	50.3	100	

注：1. 总户数系以244户计，总人数系以1 046人计。

2. 地主阶层中，有占全村总户数13.95%（34户），总人口7.26%（76人）的不使用土地，常年出租。

3. 贫民阶层中，有占全村总户数13.12%（32户），总人口10.25%（109人）的无土地使用。

4. 雇农阶层中，有占全村总户数7.34%（18户），总人口2.12%（22人）无土地使用，仅两户使用8斗土，也兼附带而微量的。

5. 手工工人阶层中占全村总户数0.40%（1户），总人口0.19%（3人）的无土地使用。

6. 总计起来，有占全村总户数20.86%，总人口12.85%的贫苦劳动人民无田土使用，而地主阶级则有占全村总户数13.95%，占总人口7.26%的有土地而不使用。

表 1－4 江北县鸳鸯乡第六村各阶层占有田的素质调查比较表

阶层	户数	占总户数比重（%）	人数	占总人数比重（%）	占有田的素质						备注
					上等		中等		下等		
					田（石）	比重（%）	田（石）	比重（%）	田（石）	比重（%）	
地主	46	18.85	146	13.95	1 390	77.40	872.50	80.34	606.40	72.62	
半地主式富农	1	0.40	5	0.47	20	1.11	25	2.30	15	1.80	
（自耕）富农	6	2.44	33	10.61	91.50	5.10	47	4.33	56.50	6.77	
（自耕）中农	25	10.24	132	11.46	263.50	14.67	123	11.33	132.50	15.87	有1户现出租其土地
（自耕）贫农	8	3.27	64	6.11	30.90	1.72	18.50	1.70	24.60	2.94	
公路占田											原系地主的36石
合计	86	35.20	380	42.6	1 795.9	100.00	1 086	100.00	835	100	

表 1－5 江北县鸳鸯乡第六村各阶层劳动力耕畜农具等情况统计表

阶层	总户数	总人数	劳动力				耕畜及农具情况				备注
			有主要的（人）	户数	有附带的（人）	户数	牛（头）	户数	农具	户数	
地主	46	146	9	9	53	22	10	10	完全	10	1. 有19户系外地的 2. 人口系在村地主的合计 3. 10户地主系自耕，6户夺佃，现已收回处理中
半地主式富农	1	5	1	1	4	1	1	1	完全	1	
（自耕）富农	6	33	8	6	16	6	4	4	完全	4	
（佃耕）富农	12	78	12	12	25	12	12	12	完全	12	

续表

阶层	总户数	总人数	劳动力				耕畜及农具情况				备注
			有主要的（人）	户数	有附带的（人）	户数	牛（头）	户数	农具	户数	
（自耕）中农	25	132	33	25	41	25	19	19	相当完全	25	5户无牛，另1户是中农成分现出租其土地，故无牛
（佃耕）中农	41	263	59	41	125	41	37	37	相当完全	41	
（自耕）贫农	8	64	11	8	24	8	3	3	不全	8	
（佃耕）贫农	40	149	53	40	88	40	12	12	不全	40	
贫民	42	144	38	29	63	42		42	无	42	
雇农	20	24	18	18	4	4		20	无	20	
手工工人	2	6	2	2	2	2		2	无	2	
迷信职业者	1	2			1	1		1	无	1	
合计	244	1 046	244	191	446	204	98	163		206	

2. 租佃制度

（1）租佃比例与主佃关系

租佃比例（租田和佃农）是反映租佃制度是否发达的重要标志。江北县租佃关系发达，地租中以实物地租最为普遍，货币地租次之，另有少数劳役地租的残余存在。据了解，江北县第一区鸳鸯乡六保租田形式分为地租、房租，地租又分为物租与活路租（也称活动路租）两种。物租为分租制（三七分），一般为定租制，几种租田形式以定租制为最残酷的一种租佃形式，比如，20石田每年最多产谷22石，一般年成打谷19石左右，年成稍坏，只打谷15～16石，地主收租一般是地租20石，收17～18石，但部分地主不管年成好坏，均按租约收租，如六保三甲佃户李荣辉佃邓明生的田60石，租额30石，每年实产量30石左右，地主不管年成好坏均收30石，有一年年成稍好，竟无理地强迫收32石，超过了租约的规定；八甲佃户邓锡彬租地主左宜之的田60石，有一年年成稍坏只打26石，但左宜之仍收地租30石，使佃客邓锡彬靠卖东西填缴

4石。活路租一般是1石土，每年无偿替老板做100天到150天的路活。房租是指不租地主的田土，光住房子，租子每年每房在2斗上下。[1]

主佃关系是论述租佃制的重点问题，以往将其概括为人身依附关系浓厚，矛盾尖锐，斗争激烈，而新的研究提出了不同观点。黄宗智以山东后夏寨村为例说明，单一地从阶级关系的角度来看待村庄内部的社会关系，是不符合实际的。主佃关系是多重纽带关系，在阶级关系之外还涉及亲属和朋友的人身关系。[2] 美籍学者白凯认为，长江下游地区的地主土地所有制不是被革命行动摧毁的，而是被数个世纪以来结构变迁的累积力量所摧毁。地主的经济困境不过是农村社会权力关系重新调整的征兆。最终摧毁长江下游地区的地主土地所有制的是国家力量的加强与佃户政治力量的成长这两个彼此相关的过程。1949年中国人民解放军征服江南的时候，地租关系已经濒临崩溃，土地改革只是予以最后一击罢了。[3]

（2）地租率

地租率是反映地主与佃农所得农业收获份额的重要指标，用经济学的概念解释，就是出租土地所得的报酬。以往我们在考察地租率时，大多估计偏高，其原因主要是往往只计算地租在一季主要农作物产量中的比重，实际上农作物有可能是一年两熟或两年三熟，这就使得地租率无形增加。根据金德群、雷晓霞的总结，地租剥削率大致有以下几种：一是地租剥削率等同于地租率，即地租剥削率＝地租量/总收获量；二是地租剥削率等于佃农总收获量中地租部分与佃农所得剩余部分的比例，即地租剥削率＝地租量/(总收获量－地租量)；三是以地租侵占剩余劳动的比率，即地租量/剩余劳动量，以及地租侵占必要劳动的比率，即（地租量－剩余劳动量）/必要劳动量来反映地租剥削率。而且，金德群、雷晓霞认为，地租剥削率＝地租量/必要劳动量（生活资料支出），即把地租看作是劳动的使用创造的，把地租剥削看作是对劳动力的剥削。[4] 曹幸穗以苏南地区为例指出，如果把佃农的冬夏两季作物（一年两熟）

---

❶《江北县第一区鸳鸯乡第六保减租退押材料》，江北县档案馆藏档，全宗号：180，目录号1，案卷号：7。

❷ 黄宗智：《华北的小农经济与社会变迁》，中华书局2000年版，第270页。

❸ 白凯：《长江下游地区的地租、赋税与农民的反抗斗争：1840—1950》，上海书店出版社2005年版，第321、330页。

❹ 金德群、雷晓霞："地租剥削率新论"，《中国人民大学学报》1992年第1期。

的产量合并计算，平均地租约占年收获物的44%；若以夏作物（该地区主要作物）计算，则地租率均超过产量的50%。他还指出，近代百余年来苏南地区地租额并无太大变化。[1] 在江北县，仍以鸳鸯乡第六村为例，地租剥削率如表1－6所示：

表1－6　江北县鸳鸯乡第六村地租剥削率调查分析表

佃田地租率	地租额与佃耕田面比率	占佃耕总户数的比重
	不满50%的	4%
	占50%的	57%
	占51%～60%的	30%
	占61%～66%的	9%
佃土地租率	地租额与佃种土面比率	占佃种总户数的百分比
	不满50%的	14%
	占50%～60%的	47%
	占60%～70%的	19%
	占100%的	14%
	占110%的	6%

注：1. 佃耕田的户数以79户计算（佃富农12户，佃中农41户，佃贫农26户）。

2. 佃种土的户数以32户计算（佃贫农20户，贫民10户，雇农2户）。

（3）押租与典押

押租，俗称押金，又称押板。押金剥削是地主对农民最残酷的一种剥削形式。押租是农民租种土地时先付一定的货币或粮食作为“押租”，如果农民交不起地租，就扣押租，地主抽田则要退回押租。仍以江北县鸳鸯乡第六村为例，该村存在押金剥削。地主敲取农民押金的目的是在农民交不起租子时直接在押金里面扣除，押金的数目多为租额的120%，最高为田面的210%，或为租额的520%，名为大押佃，加押次数不定，有的一两年或两三年加一次，加押是根据地主有事无事或有钱无钱和农民是否缴上租子及农民生活的好坏来确定。押金是除地租以外的地主对农民的剥削形式，因农村土地集中，农民要想拿到地种，必须忍受地主的剥削。如三甲佃户赵钱山在1943年以押金7 000元（当时可买谷子10石）租种富农梁发川14石田，抗战结束后又加押金20万元，赵钱山被迫卖猪上押，1947年8月下佃退押时仍退还20万元，当时佃

[1] 曹幸穗：《旧中国苏南农家经济研究》，中央编译出版社1996年版，第79、82页。

客在场上请地主吃了一次酒，除把 20 万元花完外，又拿出了 5 万元。由于押金折扣增加，农民永远过着饥饿的生活。❶

此外，还有其他剥削。每年在过节时如端午节、中秋节，佃客要给地主送礼；栽秧打谷时要请地主吃饭，每年所送的东西，有鸡、鸭、鱼、糖、豆、草等。鸡至少要在 3 斤半至 4 斤半，鸭至少要 2 斤半，其他的东西也均有规定，请客必须请地主全家，否则就责以不懂礼节或以抽佃威胁。此外，地主对佃客实行无代价的劳役剥削，如抬滑竿做活路等，每年每个佃客要给地主做 20 天到 30 天。1947 年六七月间，佃客陈合清仍给地主做工，并且在租约上写明给地主抬滑竿随叫随到。地主为了更加残酷地剥削农民，会另修一些茅草房子把所有的佃客完全集中起来，和他居住在一起，俨然一座封建庄园，因而农民在生活上毫无保障，在政治上没有自由，只有忍受着痛苦任地主剥削压迫。❷ 在江北县，仍以鸳鸯乡第六村为例，旧有押金率如表 1 -7 所示：

表 1 -7　江北县鸳鸯乡第六村旧有押金率调查分析表

<table>
<tr><td rowspan="16">佃田押金率</td><td>押金额与田面的比率</td><td>占佃耕总户数的比率</td><td>合计</td></tr>
<tr><td>不满 50% 的</td><td>45%</td><td rowspan="6">98.8%</td></tr>
<tr><td>占 51% ~70% 的</td><td>30%</td></tr>
<tr><td>占 71% ~100% 的</td><td>12.6%</td></tr>
<tr><td>占 101% ~150% 的</td><td>8.4%</td></tr>
<tr><td>占 156% 的</td><td>1.4%</td></tr>
<tr><td>占 216% 的</td><td>1.4%</td></tr>
<tr><td>押金额与租额的比率</td><td>占佃耕总户数的比率</td><td>合计</td></tr>
<tr><td>不满 50% 的</td><td>31%</td><td rowspan="8">95.6%</td></tr>
<tr><td>占 51% ~70% 的</td><td>8.4%</td></tr>
<tr><td>占 71% ~100% 的</td><td>9.8%</td></tr>
<tr><td>占 101% ~150% 的</td><td>33.8%</td></tr>
<tr><td>占 150% ~300% 的</td><td>8.4%</td></tr>
<tr><td>占 356% 的</td><td>1.4%</td></tr>
<tr><td>占 433% 的</td><td>1.4%</td></tr>
<tr><td>占 522% 的</td><td>1.4%</td></tr>
</table>

❶ 《江北县第一区鸳鸯乡第六保减租退押材料》，江北县档案馆藏档，全宗号：180，目录号 1，案卷号：7。

❷ 《江北县第一区鸳鸯乡第六保减租退押材料》，江北县档案馆藏档，全宗号：180，目录号 1，案卷号：7。

续表

佃土押金率	押金额与土面的比率	占佃土总户数的比率	合计
	不满 50% 的	71%	99.4%
	占 50% ~70% 的	19%	
	占 85% 的	4.7%	
	占 267% 的	4.7%	
	押金额与土租的比率	占佃土总户数的比率	合计
	不满 50% 的	71%	99.4%
	占 50% ~70% 的	19%	
	占 71% ~100% 的	4.7%	
	占 177% 的	4.7%	

四、新中国成立初期江北县地权变动的整体情况

1949 年 11 月 30 日，中国人民解放军解放江北县。同年 12 月 18 日，江北县人民政府宣告成立。1950 年 3 月，江北县人民政府根据西南军政委员会发布的《西南区减租暂行条例》，公布减租条例。❶ 1950 年 11 月 7 日，县里以两路镇、沙坪乡、王家乡为减租退押试点，同年 12 月下旬全县分期分批展开减租退押斗争，次年 4 月全部结束。全县减租（折谷）28 696 598 公斤，退押（折谷）86 389 911 公斤，反霸（果实折谷）638 285 公斤，清匪（果实折谷）66 613.5 公斤，共计折谷 115 791 407.5 公斤，分配给农民。

经过减租退押、清匪反霸，自 1951 年 3 月起，江北县委、县政府根据《土地改革法》，在全县开展土地改革运动，经过 8 个月的努力，至 11 月全部结束，使 84% 以上的雇、贫、中农分得了 80.5% 的土地，地主、富农及农村其他阶层亦分得了一份土地，真正实现了“耕者有其田”，并留公田 34 540 亩。❷

❶ 事实上，解放以前江北县就多次进行过减租减押等运动。民国三十七年（1948 年）10 月，江北县政府颁布“二五减租”实施办法，成立江北县租佃委员会，仲裁租佃纠纷。民国三十八年（1949 年）9 月 15 日，奉四川省政府令：1948 年、1949 年分期实施的“二五减租”一律停止，所有减租实施办法规定同时废止。

❷ 参见重庆市渝北区地方志编纂委员会，《江北县志》，重庆出版社 1996 年，第 157 – 158 页。

江北县的土地改革运动分两期进行，第1期为1951年3—6月，在沙坪、王家2乡进行试点后，接着在水土、人和、鸳鸯、两路、木耳、仁睦、多宝、古路、湿鞋、复兴、龙王、悦来、滩口、三圣14个乡镇、203个村进行；第2期为1951年6—10月，在大石等40个乡镇、379村进行。土地改革运动分5个步骤：宣传动员，交代政策，整顿组织；划阶级成分，反违法斗争，查封没收田产；评实田土产量，报实人口；完成土地、房屋、农具、牲畜的分配；加强内部教育，处理斗争果实，总结工作，庆祝胜利，动员组织生产。参加土地改革运动的干部有1 222名，其中来县的川东行署、江津军分区及铜梁、璧山县干部569名。有民主人士69名参加运动，支援农民进行反封建斗争。

在土地改革中，贫雇农实现了当家做主。江北全县建立农民协会582个，入农会会员266 833人，占应入会的78.4%。组织发展农民武装23 656人。培养土改（农民）积极分子2 433人，村干部2 123人，乡干部73人，选拔半脱产干部384人。通过划分阶级、评定成分，评出地主8 380户，工商业兼地主236户，富农2 151户，佃富农971户，中农13 859户，佃中农21 339户，贫农21 497户，佃贫农48 820户，雇农4 697户，小土地出租者4 040户，其他5 537户。

在土改运动中，根据《土地改革法》规定："废除地主阶级封建剥削的土地所有制，实行农民的土地所有制，借以解放农村生产力，发展农业生产，为新中国的工业化开辟道路。""没收地主的土地、耕畜、农具、多余的粮食及其在农村中多余的房屋。""征收祠堂、庙宇寺院、教学、学校和团体在农村中的土地及其他公地。"征收"工商业家在农村中的土地和原由农民居住的房屋"及"半地主式的富农出租的土地"，同时规定："大森林、大水利工程、大荒地、大荒山、大盐田和矿山及湖、沼、河、港等收归国有。""原属地主的大竹园、大果园、大茶山、大桐山、大桑田、大牧场等收归国有。"全县没收地主土地687 261亩，征收工商业兼地主土地18 551亩、富农土地66 273亩，共772 085亩。（占总耕地面积1 221 369亩的63.21%，连同没收地主的耕畜、农具、多余的粮食及在农村中多余的房屋，除按规定收归国家所有者外，均由乡农民协会接收，统一地、公平合理地分配给无地、少地及缺乏其他生产资料的贫苦农民所有。对遣返县回村参加农业生产的5 179人，除136人介绍就业外，均分给一份田土。）❶

❶ 重庆市渝北区地方志编纂委员会：《江北县志》，重庆出版社1996年版，第69－71页。

第二章　地权变动的前提工作：清匪反霸和减租退押

实际上，早在革命战争时期，我党就进行过清匪反霸和退租减押的理论和实践探索。[1] 要进行土地改革首先要有一个安定的环境，但在新解放区存在着国民党残余武装特务和占山为王的惯匪，他们进行各种破坏活动，尤其是朝鲜战争爆发后，他们的破坏活动更加猖獗。土匪成为当时人民最凶恶的敌人，是安定环境的最大破坏分子。土匪的存在不仅是土地改革的隐患，还威胁着共产党政权。根据这一情况，尚未进行土地改革的地区首先要安抚地方，清匪反霸

[1] 1945 年 4 月 24 日，毛泽东在《论联合政府》中谈到减租减息政策时指出："这个政策，如果没有特殊阻碍，我们准备在战后继续实行下去，首先在全国范围内实行减租减息，然后采取适当方法，有步骤地达到'耕者有其田'。"（《毛泽东选集》一卷本，人民出版社 1968 年版，第 977 页。）1949 年 3 月 5 日，毛泽东在中共中央七届二中全会上再次指出："南方现时还是被国民党统治的区域。在这里，党和人民解放军的任务是在城市和乡村中消灭国民党的反动武装力量，建立党的组织，建立政权，发动民众，建立工会、农会和其他民众团体，建立人民武装力量，发动民众，肃清国民党残余势力，恢复和发展生产事业。在乡村中，则是首先有步骤地展开清剿土匪和反对恶霸即地主阶级当权派的斗争，完成减租减息的准备工作，以便在人民解放军到达那个地区大约一年或者两年以后，就能实现减租减息的任务，造成分配土地的先决条件；同时必须注意尽可能地维持农业生产的现有水平不使降低。"（《毛泽东选集》一卷本，人民出版社 1968 年版，第 1319 页。）随后在 1949 年 4 月 25 日发布的《中国人民解放军布告》约法八章中，又规定"农村中的封建的土地所有权制度，是不合理的，应当废除。但是废除这种制度，必须是有准备和有步骤的。一般来说，应当先行减租减息，后行分配土地，并且人民解放军到达和工作一个相当长的时期之后，方才谈得到认真地解决土地问题。农民群众应当组织起来，协助人民解放军进行初步的改革工作。同时，努力耕种，使现有的农业生产水平不致降低，然后逐步加以提高，借以改善农民生活，并供给城市人民以商品粮食"。到 1949 年 9 月 29 日通过的《共同纲领》才正式提出了"有步骤地将封建半封建的土地所有制改变为农民的土地所有制"的任务，指出："土地改革为发展生产力和国家工业化的必要条件。凡已实行土地改革的地区，必须保护农民已得土地的所有权。凡尚未实行土地改革的地区，必须发动农民群众，建立农民团体，经过清除土匪恶霸、减租减息和分配土地等项步骤，实现耕者有其田。"（中共中央文献研究室编：《建国以来重要文献选编》第一册，中央文献出版社 1992 年版，第 2、7 页。）

和减租退押，为土地改革做好准备。

1950年3月16日，中共中央、中央军委发布了《剿灭土匪，建立革命新秩序》的指示："必须明确：剿灭土匪，是当前全国革命斗争不可超越的一个重要阶段，是建立和恢复我各级地方人民政权以及开展其他一切工作的必要前提，是彻底消灭蒋介石国民党在大陆的残余武装，迅速恢复革命新秩序的保证。不剿灭土匪，各种人民革命政权就不能建立，土改就无法完成，广大贫苦农民就不能真正翻身，各地的救灾和其他一切工作也都将根本无法进行。"1950年11月28日中共中央致电华东、中南、西南、西北、华北及各军区，指出："各地都应把剿匪当作一切工作中的头等任务，集中全力限期完成，彻底肃清境内一切匪患。"反霸斗争就是反对地主阶级当权派的斗争，打倒地主阶级当权派的统治。

从清匪方面看，一般土匪自新之后就不再继续作恶，服从农会管制，个别的首要犯、继续作恶的现已镇压，自运动开始以来，没有发生过抢案，个别新的半脱产干部及农村干部说话不讲策略，造成土匪的恐慌，如中心第六村自新土匪一听到开会吓得直哭，还有两个（周海清、唐山群）自杀。了解以上情况之后，江北县政府便召集新干部讲明政策，同时召开自新土匪会议，讲政府的政策令法，讲明他们的出路，教育他们要在劳动中改造自己，他们表示坚决遵守政府政策、法令，服从农会管制。[1] 新中国成立初期的清匪反霸和减租退押主要依靠各地在实践中不断总结经验和教训而不断完善其做法。

一、清匪反霸和减租退押工作的实践概况

为了使运动由点到面充分地发动群众，首先在减退开始要充分地发动，干部要深入调查了解，访穷访苦，通过雇贫农积极分子来深入教育启发群众，并通过加强教育启发阶级觉悟。例如，乐碛镇第四村掌握了这一点，押金五天退清。群众运动的路线要明确，那就是依靠雇贫农、团结中农。例如，乐碛镇第二村（原五保）开始时干部路线不明确，开了一个斗争会，成分不纯的主任罗海云说斗争左述云是上级的指示，结果会议失败了，由此干部亲身感觉到农

---

[1] 《江北县第八区委减租退押清匪反霸运动全面总结》，江北县档案馆藏档，全宗号：1，目录号：1，案卷号：14。

会成分不纯是不能打胜仗的。干部应深入了解农会，刘培之、张荣清、自新特务廖逸均（九路军小队长）、张生足，都参加了农会。地主张万轩、张万兴，应入会的中农要入会被拒绝了。该村共440个会员，其中地主2人，富农6人，特务1人，伪保甲长10人，经审查，匪特大部分混入会中。根据以上情况，干部在实际工作当中认识到，必须依靠雇贫，访穷访苦，首先有计划地培养了雇工部，农民当了农会主任，全村7个工人，你团结我，我团结你，工作得以顺利开展。关于追交押金，二村应退押金2 819. 19元，实际退回2 176. 50元——占全村的75%，基本上完成任务。在二村雇贫中农占了领导权，真正改变农民的天，该村农会干部经过不断的整理，领导成分纯洁了，特别是雇工在退押上起了桥梁作用，紧紧地团结着中农，领导成分中雇工占15%，贫农占65. 2%，中农占19. 5%。经过以上，干部成分纯洁了，特别是雇工在斗争中表现出一贯的英勇坚决，20个雇贫农成了领导骨干。例如，雇农邵学民，当了农会主任，在斗争当中亲自动手，工作一贯积极，放弃每月三斗米的工资，为了提前完成减退封建势力，以他的积极努力来带动觉悟不高的农民以及消极怠工的干部，这是二村减退工作提前开始的经过。在发动群众追交押金时，群众认识到只有发动雇贫农占领导权，才能彻底打垮封建势力，接着全镇召开了雇工会议，对其进行阶级教育。为了发动群众，特别是充分地发动雇贫农，接着在五□[1]乡开了一个雇工会议，全乡雇工147人在退押当中起了骨干作用。[2]

在江北县第五区沙坪乡，为把减租退押这一重大的工作做好，在各家进行广泛而深入的思想教育是必要的。针对这种思想情况（农民不理解不支持），在各保农协会已进行了诉苦教育、阶级觉醒和加强对减租退押的认识之后，为了布置减租退押工作，召开成分组的会议，进行思想动员，主要是使他们明确：①减租退押是阶级的一场艰苦斗争，必须由农民协会集中办理，不能由农民和地主进行交涉；②地主是追得起的，但不愿农民团结一致，向地主争取追不罚或两不补的思想是错误的，是受地主欺骗宣传的结果，这样动员说服之后，提高了农民的觉悟，增强了农协负责人的信心。[3]

---

[1] 当档案材料中出现文字遗失时，用□代替，下文同。

[2] 《地主阶级威势下降的情况》，江北县档案馆藏档，全宗号：1，目录号：1，案卷号：11。

[3] 《江北县第五区沙坪乡减租退押运动初步总结》，江北县档案馆藏档，全宗号：1，目录号：1，案卷号：4。

在木耳乡第二保，首先成立好农协会，选出王忠诚、段宝泉二人为正副主任，工作开始之前先调查具体材料，和农会研究确定斗争对象，即那些剥削项多又比较恶，同时能全部退完的地主，先在小组里进行酝酿，培养苦主，再在大会上进行说理诉苦，然后当众算账结清，由农会派人立刻催收。一般的地主则不再个个皆斗，先分别登记算账，当众对账后，立即催交。小土地出租与中贫之间的押佃，在大会上由大家提议，酌情处理。在斗争中着重斗理斗法，没有实行打骂。但是在斗争地主段世美、李国华、王时宗等时，王时宗奸狡巧辩，百般推诿，不向农民低头，不承认减租退押，因而激起公愤，大家都喊要跪下，结果罚他跪下，才打下他的威风，老老实实地承认了。此外，又适当地处理了应当少减少退的户，如中农舒生清应退押金 3.8 石，但因其生活困难，自己田土收入又不好，应视为农民内部问题，所以农会研究决定让舒生清只退一半即 1.9 石。在减租退押工作中主要依靠农协会中的积极分子，如农协委员陈金泉、邓虎臣、杨金庭和文书组的张海凡等，他们工作勤奋、夜以继日。在催交中妇女也起了不少作用，有的帮忙搬东西，有的帮忙教育地主家中的妇女，如地主王时宗退押时妇女们都去帮忙搬东西，王时宗的女人很横，妇女会员们仍大胆地进行斗争，并教育她说："从前你是如何地压迫剥削干人，加押佃整得好惨，你今天还敢不退押吗?"又如地主田华丰的女人也很横，退押时拼死不配合，全靠了妇女会员们阻止和教育她。[1]

二、地主破坏清匪反霸和减租退押的花样

从退租减押方面看，在新中国成立初期尤其是西南军政委员会公布减租条例后，地主不敢正面反抗，而是以夺佃、收租、卖东西等方法大量分散土地和财产，以达到破坏减租退押及将来土地改革之目的。在减租退押的尖锐阶级斗争中，地主不会老老实实地将押金拿出，他们用尽了花样如通过威胁、暗杀等来破坏减租退押工作。据不完全统计，部分地主用自杀来威胁群众，如两路三村地主朱万成当着外面许多人的面闹上吊，结果并不是真的要吊死。石鞋六村马国斌在减租退押刚开始时，就交了一个金戒指及 20 万元，到开会就说没有，

[1] 《江北县木耳乡第二保减租退押工作总结》，江北县档案馆藏档，全宗号：1，目录号：12，案卷号：1。

说自己将所有的都交给农会主任了。自公审大会回来他就闹自杀，用刀将食管割破，一时又不死，他用棉花塞着仍不能吃饭。四村也有的地主暗中收买佃户，给佃户东西不让佃户斗争他。大部分地主将财产分散到别乡别区，因此群众没办法就办活路❶，地主早做好了准备工作，如两路二村地主何有忠（现任石鞋保校校长），叫他跪下时，他腿上有早已绑好的棉花。在斗争木耳乡十二村段莀勋（现任该保校长）时，他说你们斗争就应该说理，退押照退押后他又不退。还有的地主装穷，如石鞋乡小五村王德修把财物分到佃户屋里，把一个儿子送给别人，自己讨饭吃。有一部分地主说愿意上人民法庭，还有的装神弄鬼吓农民，还有的造谣吓农民，使得部分农民不敢斗争地主。三区五宝乡的地主刘洪远在斗争时装死不喘气，身体很硬但农民要埋他时他才说没死。太洪乡二村胡中凯说：有些佃户少说押金，原来25石，只说了10石。五宝乡地主陈金朋用美人计引诱干部。区龙溪乡一保地主穆达喜应退押金150老石，已退了10老石，非常对抗。经过斗争后，农村里将他押起来，他自己用力将自己的肚子割了一刀，没出来肠子，但还是不退押金。据群众反映：他可能是特务，他家也有金子、银子，他就是不退，公开对抗。四区龙安乡四村地主周孟和晚间用刀割佃户周于臣的耕牛尾巴。新盛乡七保地主邓树臣夜里用枪打农民武装分子文树起。新盛乡五村地主胡金海晚上把佃户胡林修的一头耕牛打死。八区同仁乡一保地主马子云，将他自己未满三年的新楼楼柱搞掉，结果农会会员上去开会时楼就倒下来，致使农会会员轻重跌伤共计29人，含脱产干部1人。二区龙兴乡地主晚上在路上等农会到村里开会，结果农会开会回来时，他就把我农会积极分子弄到田里淹死（情况正在调查）。❷

在第一区鸳鸯乡第六保，该保有8户地主抽回田土134石4斗，抽佃的方式是地主聂可勋以生活困难为借口为抽回田4石；左宜之以学习劳动为由抽田30石，王瑞兴强行抽回30石，并强迫佃户订解放前的契约；陈海明赶场卖牛被农会看见制止，他便欺骗工作同志说，牛不是他的。有的地主造谣威胁农民或装穷叫苦，也有的想混入农会企图搞破坏。四甲地主陶老太婆向佃客郭少清

---

❶ 办活路：意为寻找维持生活的办法。

❷ 《地主破坏减退工作花样》，江北县档案馆藏档，全宗号：1，目录号：1，案卷号：7。此外，档案显示：对个别极其严重的破坏行为，该区进行了处理，对四区两个地主割佃户牛尾巴系破坏《土地改革法》，已予以扣押，正搜集材料准备依法予以处理。暗害农民武装之地主现也扣押在公安局，准备呈报。八区地主拆楼柱跌伤农会28人，脱干1人，现已执行。

说：“我退不起押，要找我退押只有一条老命。”三甲佃客罗海清赶场回家在路上听人说：“减租退押要停办了!”“上农训班学习好了，就要派到台湾去背死人。”此外，有的地主还离间农会干部，煽动工作同志造假；故意狡赖，不承认历次加押的数目；涂改佃约，蒙蔽农会；跟农民协会干部拉关系，讲人情，献殷勤，甚至是以自杀相抗争。❶

三、清匪反霸和减租退押的效果

从退租减押运动后地主数量的下降情况看，一部分地主过去残酷地剥削农民，积累了很大一部分财富。大批的浮财埋藏在地下，并分散几处，经过减退运动后已根本被挖空了。如大地主李仲杰全部应退押金21 629.000元，在群众的压力下，便退清了押金，后来又在牛栏底内发现金银一罐子（黄金475两，白银328两），在厨房坑下□坑底下挖出黄金21.3两，银17两，在人民法庭上拿出来粮食17.5石，棉花340斤，烟叶578斤，人民币760万元，现在全家劳动，改变了思想，新中国成立前抽回17石土已耕得很好，现已全部种上榨菜，收入了200万元，生活还是很富裕的。有些地主在这次退押后，经济力量已彻底挖空了，生活困难到无法维持的境地，被逼走上劳动改造的道路。二村地主李文照虽然已破产，退出来了235万元，退到60%，全家7口人只有2床被，家内无一颗粮食，每天靠出卖劳动力为生，但是由于无地耕种、农民又不乐意雇这样的工，因此他的两个儿子李开口、李开天每天早上去前滩拉船，每天可分1 000元钱，买米来维持生活，船少分不到钱的时候，只好去榨菜厂捡菜籽来充饥，他的女儿李开英每天扯猪草来卖，捡野菜来吃。在农民反夺佃情况下又无法抽回土地、暂时维持生活的地主张魏氏同他儿子有延开了八斗荒土，每天担二担煤炭赚钱，有3 000元维持着生活。有的地主，在减退任务当中，受到农民的打击又加上生活水平降低，以前吃大米猪肉，现在吃胡豆角，病死了，如舒家乡七村陈保国、六村陈则安都这样死了，年龄有些大，这是减退以来地主的情况。❷

以江北县第八区为例，截至1951年4月1日，全区已有49个村大体结束

❶ 《减租退押工作初步总结》，江北县档案馆藏档，全宗号：1，目录号：13，案卷号：1。

❷ 《地主阶级威势下降的情况》，江北县档案馆藏档，全宗号：1，目录号：1，案卷号：11。

了清匪反霸、减租退押运动，占全区村数的97.2%。在运动中镇压了反革命分子102名，获得了各阶层群众的拥护，群众情绪大大提高，正气上升，邪气下降，有些地主不得不表示自己“该杀”。其中镇压的地主共计42名（抗押不退的18名，恶霸地主21名，组织暴动的2名，土匪1名），恶霸9名，特务23名（中统13名，军统8名，杂特2名），贯匪23名，杀人犯5名，此后封建势力大大减弱，谣言减少，肃清了丁匪特的明显活动。从经济方面来看，据全区统计共减租数3 979 956斤，退押数5 512 965斤，清匪数462斤，反镇数89 204.4斤。此外，在木耳乡第二保，退押情况为：本籍地主退511.582石，外籍地主退884.475石，酌情少退116.84石，共退1 396.057石。现已退本籍463.032石，外籍151.11石，共614.142石，其余未退部分，现正陆续催退中。❶

表2－1、表2－2、表2－3反映了江北县鸳鸯乡第六村减租退押情况：

表2－1　江北县鸳鸯乡第六村各阶层减租利益统计表

阶层	户数	占总户数的比重（%）	总人数	占总户数的比重（%）	原租额（石）	减租及所得利益（石）	比重（%）	备考
地主	1	0.40	4	0.38	12	7.75	0.91	地主中有1户，佃耕了地主的田
佃富农	12	4.91	78	7.45	380.50	172.10	20.22	
佃中农	41	16.80	263	25.14	810.60	518.74	60.96	
佃贫农	35	14.37	176	16.83	242.22	152.42	17.91	有5户系失土的
合计	89	36.48	521	49.80	1 445.32	851.01	100	

注：1. 总户数系以244户，总人数系1046人计算。
2. 地主一户佃田及减租利益7.25石，户中4人，每人分得1.81石。
3. 佃富农12户，每户平均得减租利益14.3石，每人平均分得2.2石。
4. 佃中农41户，每户平均得减租利益12.4石，每人平均分得1.93石。
5. 佃贫农35户，平均得减租利益4.35石，每人平均分得0.89石。
6. 另有种土的减租利益55.25石（杂粮），（种土的只是专种土的才有一定租额和土面，兼种土的是没有一定土面的）。
7. 佃中农兼种土的5户，人口31人，原租12.5石，减租后得利益7.91石，计每户得1.58石，每人平均得0.25石。
8. 佃贫农兼种土的13户，专种土的5户，合计18户，56人，原租60.9石，减租后得利益32.72石，计每户得1.8石，每人平均得0.58石。
9. 贫农15户，60人，减租后得利益13.79石（原租21.76），计每户得利益0.91石，每人平均得0.22石（杂粮）。

❶《江北县木耳乡第二保减租退押工作总结》，江北县档案馆藏档，全宗号：1，目录号：12，案卷号：1。

表 2－2　江北县鸳鸯乡第六村各阶层退押利益统计表

阶层	户数	占总数的比重（%）	人数	占总数的比重（%）	佃田面积（石）	应退的押金数（石）	比重（%）	现退数（石）	占应退押总数的比重（%）	备考
自耕富农	1	0.40	8	1.42	100（田）	5.99	0.41	1.48	24.71	追退老押
佃富农	11	4.51	75	13.32	548（田）	319.58	22.13	151.924	47.54	有 1 户，无押退
佃中农	41	16.80	263	46.71	1580（田）	816.75	56.55	552.766	67.68	自耕25户，无押退
佃贫农	28	11.48	123	21.85	474（田）	196.01	13.56	116.555	59.46	有 12 户，带押又退，自耕 8 户，带押退
贫农	24	9.47	89	15.81	4.5（土）	15.79	1.11	15.785	100.00	有 18 户，带押又退
迷信职业者	1	0.40	2	0.36		90.02	6.23	26.74	29.70	追退老押
手工工人	1	0.40	3	0.53	0.1（土）	0.20	0.01	0.20	100.00	有 1 户，带押又退
合计	107	43.46	563	100	2 702（田） 4.6（土）	1 444.34	100	865.45	59.92	

注：1. 全村总户数系以 244 户，总人口 1 046 人计。

2. 自耕富农 1 户得押金 5.99 石，平均每人得 0.74 石。

3. 佃富农每户平均得押金 29.05 石，每人平均得 4.26 石。

4. 佃中农每户平均得押金 19.98 石，每人平均得 3.10 石。

5. 佃贫农每户平均得押金 7 石，每人平均得 1.69 石。

6. 贫农每户平均得押金 6.65 石，每人平均得 0.1 石。

表 2－3　江北县鸳鸯乡第六村现退押金种类数量比较表

减租后的交租做退押	数量（石）	128.35
	占现退总数的比重（%）	14.81
黄金退押	数量（两）	12.71
	折为数（石）	71.03
	占现退总数的比重（%）	8.19

续表

黄谷退押		数量（石）	77.30
		占现退总数的比重（%）	8.91
银洋退押		数量（元）	40
		占现退总数的比重（%）	
人民币退押		数量（元）	61 230 000.17
		折为数（石）	358.46
		占现退总数的比重（%）	41.36
其他物品退押	家具	折为数（石）	31.71
		占现退总数的比重（%）	3.65
	猪（畜）	折为数（石）	26.72
		占现退总数的比重（%）	3.08
	其他（衣物棺木等）	折为数（石）	137.001
		占现退总数比重（%）	19.9
总计		现退押金总数（石）	866.601
		现退押金数额占总值比重（%）	100

注：1. 每两黄金照重庆人民银行12月7日牌价每两九十□元几，再按当时鸳鸯厂长人为市价每（老）石十七高□折年□人为。

2. 所有粮食额折合价40银圆，因无牌价，故米折出实物及百分比。

3. 人民币61 230 000.17元，以17万1石，折出实物及百分比。

4. 其他项包括棺木、衣物及《土地改革法》上应没收之物以外的。

第三章　地权变动的依靠力量：群众运动

土地改革是最后消灭地主阶级的一场艰巨复杂而又激烈的斗争。要想在这场激烈的斗争中彻底消灭地主阶级，打胜这次战役，就必须首先将雇贫农从思想上充分地发动起来，然后再向地主阶级开火。[1] 不断发动群众是土地改革运动顺利推进的关键。必须认识到充分发动雇贫农是一项长期的艰苦工作，将雇贫农政治上、经济上翻身与思想翻身三者密切结合，从雇贫农当前迫切的要求与切身利益入手，适当地解决、照顾他们生活与生产上的困难，使之提高觉悟、懂得目前利益与长远利益的一致性。因此，必须在初步整顿组织、发动群众的基础上进行土地改革，再结合土地改革的每个步骤，自始至终地发动群众、整顿组织。[2] 遗憾的是，新中国成立初期的群众发动工作主要依靠各地在实践中不断总结经验和教训，基本处于无法可依、无章可循的境地。

由于土地改革在很大程度上并非乡村社会阶级矛盾激化的自然产物，而是外力嵌入和政治动员的结果。发动农民斗争地主不是一件容易的事情，最好的办法就是“发动群众诉苦”。“诉说自己被阶级敌人迫害、剥削的历史，因而激起别人的阶级仇恨，同时也坚定了自己的阶级立场，就叫作‘诉苦’。”[3] “痛苦的个体如何感知集体的被剥夺，还要把自身痛苦视作集体被剥夺的一部分？如何把这种剥夺转变为普遍的革命推动力，导向改变处境的集体行动？而

---

[1] 西方学界对中共历史的研究，往往以解释中国革命何以发生、何以胜利为己任。一种代表性的看法是，农民与共产党之间并不存在天然的共同利益，中国革命之所以能够成功，是因为共产党首先利用土地革命等社会经济手段去争取农民最初的参与，然后通过强大的组织化力量与传统精英及其他团体竞争在乡村的领导权。换言之，共产党成功的根本原因在于其强大的动员能力。

[2] 《江北县第二期土改总结》，江北县档案馆藏档，全宗号：1，目录号：1，案卷号：5。

[3] 陈北鸥：《人民学习辞典》，广益书局1952年版，第331页。

使人们意识到冤情、找到归咎处和改变处境的道路，这正是革命动员的过程。”❶ 土地改革运动中，诉苦成为一种消灭地主阶级、树立新权威的有效的动员手段，诉苦及由此产生的政治觉悟是农民积极参与土地改革的前提。诉苦首先是作为一种民众动员机制而普遍开展起来的，其基本功能就在于激发村庄里和军队中广大农民群众的阶级仇恨，促使他们认同中国共产党、参加土地改革、英勇战斗。

一、发动群众运动的实践做法

1. 强化宣传教育，启发农民阶级觉悟

江北县大后乡大张旗鼓地运用黑板报、标语、墙报、各种会议，有针对性地大量揭发地主罪恶事实，挖根底，剿后路，分化地主内部，教育发动地主的亲近之人，对农民提出“两个口号”和“四个保证”，因此收效很大。在四区麻柳乡红化村，发动了地主的一个丫头，报出了衣服 21 件，银圆 26 块，金子 7 钱；七区偏岩四村地主吴盛伐的儿子，在农会对他进行前途教育后，开始觉悟，还教育了他的母亲，拿出了 150 块银圆；七区靓观乡有 55 户农民，报出给地主藏的东西。❷ 揭发已确定斗争的大地主罪恶事实并表明消减地主阶级的决心，举行反封建游行大示威、造成气势，这样做也可以发动群众，又能打垮地主的政治威信，使其老老实实向农民低头。三区各乡镇首先确定了斗争对象代学愚等三个大地主后，第一步，即分别召开村委员、邻、组专会，妇女情报分子，老佃户、老雇工等会议，进行有针对性的教育，配合有重点地访贫访苦发动群众，了解地主政治经济材料，这时结合黑板报、标语、漫画等形式，大力宣传彻底消减地主阶级。❸ 要展开充分的广泛的宣传教育，使雇贫中农、富农、地主及其他阶层的人民都懂得土地改革政策及其合法性和正义性，针对各阶层不同的思想进行不同的教育，对农民还是要围绕着各个步骤进行教育，在每个步骤中要不断地提高群众的觉悟。每个步骤中必须贯彻发动群众（特别

---

❶ 李康：《西村十五年：从革命走向革命——1938—1952 冀东村庄基层组织机制变迁》，北京大学社会学系博士论文，1999 年，第 67 页。

❷ 《江北县第七区偏岩乡土地改革工作总结》，江北县档案馆藏档，全宗号：1，目录号：1，案卷号：10。

❸ 《江北县委关于土改工作情况报告》，江北县档案馆藏档，全宗号：1，目录号：5，案卷号：1。

是贫雇农），对他们进行阶级教育，提高他们的觉悟，彻底消灭地主阶级。❶在贫雇农会议上，主要启发阶级觉悟，强调土地回老家，土地是农民的命根子，有了土地，才能彻底翻身，要站起来当家做主人。让贫雇农说土地不是地主的，是他们的，但有些人不好意思开口，不相信土地是自己的，有的说原来有土地，老辈人不成器卖掉了；有的说命不好，有田保不住，因此要着重推翻穷命的观点，理直气壮地分田，多开口的雇贫农会能让大家明确当家做主人的道理，发动大家参加工作。打消一些人坐地等花开的念头，如八村人民政府有一个人总想着分地时不会把自己的名字落掉，就想等着政府分田。此外，根据雇贫农的思想顾虑及看法各有不同，可采用数次大会与小会个别教育等方式进行打通思想等工作。❷

2. 利用开会，消除农民顾虑

江北县第一区宣布土地改革后就由点到面地全面深入开展工作，配合村农会通过农民群众大会各阶层座谈会，根据不同的思想情况，进一步宣传政策争取大多数，组织动员雇贫中农，对封建地主开展争斗，并具体组织区、乡代表进行小组传达，挨户访问使宣传面扩大。经过宣传，在被鼓嘉二村检查了9个老太婆，90岁以上就有7人懂得为什么要进行土地改革。❸ 十几次了，苦也诉完了，没有啥子苦可诉了，“地主的东西没有了，再斗也斗不出来”，针对以上满足与麻痹思想，分别召开中农会、贫雇农会、富农会、地主会、妇女会、青年会、会员会等进行大力宣传，配合墙报、黑板报、大字报、漫画等形式展开街头宣传，地主的田是从哪里来的，穷人是怎样穷的，“谁养活谁”和“土改是为了哪些人”“哪些人来办”“地主的顽固性”等，指明地主的前途，即只有老老实实、奉公守法，服从农会的管制，才是出路，使得农民群众的觉悟进一步提高，群众也根本上发动起来了。❹ 在农民代表会胜利结束后，土改队的同志很快地到达各村，通过大会宣布土地改革开始。干部要表明态度，即是来帮助农民翻身的，同时在大会小会及各种场合中，讲明土地改革的目的性和正义性，特别是讲明土地改革对雇贫农的绝大好处，（在雇贫农会上）在有中农参加的会上，就谈土地改革对雇贫、中农的好处（政治上、经济上的好

---

❶ 《江北县土地改革全面总结》，江北县档案馆藏档，全宗号：1，目录号：1，案卷号：10。
❷ 《江北县大后乡土改工作汇报》，江北县档案馆藏档，全宗号：180，目录号1，案卷号：6。
❸ 《江北县第一区土地改革工作总结》，江北县档案馆藏档，全宗号：180，目录号：1，案卷号：5。
❹ 《江北县土地改革全面总结》，江北县档案馆藏档，全宗号：1，目录号：1，案卷号：10。

处）。根据工作的进度与需要及时地召开乡雇贫农代表会（中农亦可参加一部分），并有意识地通过这个代表会来发动雇贫农与广大群众，这样代表们不但成了干部接近群众的桥梁，而且大部分成了运动中的积极分子，在代表会上主要是交代政策与任务，以提高农民的阶级觉悟，加强对其当家做主人的教育。❶此外，还应召开雇贫农代表会、农民代表会，深入进行教育，特别应进行“土地还老家”的教育，结合走贫访苦，发现并培养积极分子，再通过代表与积极分子去发动群众，这样做收效极大。七区静观乡发动群众时，做到了这一点，该乡三村在土地改革运动开始时，即发现、培养与运用了两个积极分子，第二天即联络了8个雇贫农，第三天即联络了70余名佃雇农，随即召开雇贫农会议，对其进行教育，这样发动起来的群众是比较稳固的。❷在土地改革开始时区乡就要召开一系列的代表会议，向各阶层宣布土地改革，交代土地改革政策和土地改革的正义性、目的性，打破各阶级的顾虑，将农民动员起来，进而彻底消灭地主阶级。土改运动开始时，要直接交代政策并召开代表会，代表有五千余人，占该乡总人口的28.15%，这样做初步安定了农民阶级的情绪，孤立了地主阶级，造成消灭地主阶级的巨大声势，减低了工作中的阻力。❸除区乡召开一系列代表会议以外，乡以重点对农代会为单位，在走贫访苦的基础上开雇农代会、座谈会，以摆龙门阵的方式，讨论：田是哪个的，分谁的田，为啥子要分田，谁来领导分田，抓住佃贫农的隐痛进行阶级教育，通过诉苦，发现和培养积极分子，用带雇贫农的办法谈心教育。佃农陈明高开始在小组会找不到穷根，谈起□浮，干部掌握了具体材料，对他进行教育，触到了他的痛心处，因此他回忆所受的痛苦时哭起来了。❹

3. 干部在“走贫访苦”中发动群众

首先，为了发动群众消灭封建势力，干部应从走穷访苦中了解到一般群众对土改的要求是迫切的，但对土改的认识是不够的，普遍存在着“和平分田”的思想，认为地主恶霸该杀的杀了，该管制的已管制起来了，没啥搞了，剩下

---

❶《各区及工作队县委关于发动群众整理组织划分阶级查封没收地主进行斗争的指示》，江北县档案馆藏档，全宗号：1，目录号：6，案卷号：1。

❷《江北县第二期土改总结》，江北县档案馆藏档，全宗号：1，目录号：1，案卷号：5。

❸《江北县第一区土地改革工作总结》，江北县档案馆藏档，全宗号：180，目录号：1，案卷号：5。

❹《江北县第一区土地改革工作总结》，江北县档案馆藏档，全宗号：180，目录号：1，案卷号：5。

的一些小地主都很老实了，也不摆威风了，每天都挑煤炭、挑夹板。[1] 其次，干部思想必须明确依靠雇贫农、团结中农、中立富农的组织路线，并要树立艰苦深入的思想作风，通过走贫访苦来了解雇贫农的疾苦，宣传土改法，并在走贫访苦中发现与培养积极分子，加强对积极分子的教育，提高其阶级觉悟，再通过现有的积极分子去联络更多的积极分子，也就是以雇贫农来发动雇贫农，以达到雇贫农全部充分发动起来，造成群众性的运动。[2] 再次，干部必须吃苦耐劳、艰苦朴素，与群众打成一片，工作不能包办代替、要提早学习政策法令。工作搞得好坏，完全决定于干部。[3] 还有，干部思想上必须相信群众，可就实际生活中的例子，对其进行教育，解除其思想上的顾虑，使其相信自己的力量，敢于斗争。一区麻柳乡二村二邻佃户较多，在干部对该村进行深入教育后，佃户们提高了觉悟，报出帮地主藏的东西，并同地主展开了斗争。在发动雇贫农时，还必须防止单纯地为了解材料而发动。[4] 进行阶级教育时，特别是对雇贫农，要以亲切的态度和摆龙门阵的方式去进行阶级教育，先谈现在的工作和生活情况，再问过去的情况，进而达到痛恨地主、暴露出地主的政治经济材料的目的。[5] 总之，发动农民诉苦，主要依靠强大的宣传和组织力量。土改工作队队员必须“真心实意把自己当作受苦的群众，启发、诱导、讨论、拉家常”，促使农民诉苦。雇贫农的发动过程中，一般采取启发引导的方式，为什么要分田，分谁的田，靠谁分田，结合诉苦，找穷根教育，逐渐提高群众觉悟，然后耐心地将土改任务与政策向群众交代清楚，以免行动时干部包办代替和违反政策现象的发生。[6]

4. 树立诉苦典型，调动情绪，营造氛围

在找到诉苦积极分子（称为“苦主”）并加以教育启发之后，还要帮助他“串连”其他的诉苦者。为了达到这种群情激愤的目的，“苦主”的选择尤为

---

[1] 《江北县土地改革全面总结》，江北县档案馆藏档，全宗号：1，目录号：1，案卷号：10。

[2] 《各区及工作队县委关于发动群众整理组织划分阶级查封没收地主进行斗争的指示》，江北县档案馆藏档，全宗号：1，目录号：6，案卷号：1。

[3] 《江北县土地改革全面总结》，江北县档案馆藏档，全宗号：1，目录号：1，案卷号：10。

[4] 《江北县第二期土改总结》，江北县档案馆藏档，全宗号：1，目录号：1，案卷号：5。

[5] 《江北县第七区偏岩乡土地改革工作总结》，江北县档案馆藏档，全宗号：1，目录号：1，案卷号：10。

[6] 《各区及工作队县委关于发动群众整理组织划分阶级查封没收地主进行斗争的指示》，江北县档案馆藏档，全宗号：1，目录号：6，案卷号：1。

重要。大量发现和培养新积极分子，使之成为领导诉苦运动的骨干，回村后即开展家庭诉苦、会员诉苦运动的教育。裴宜理（Elizabeth Perry）曾经富有洞见地指出中国共产党对于“情感工作”（emotional work）的高度依赖，并认为这是国共两党的重要区别之一。诉诸情感以动员民众，在土地改革诉苦运动中得到了最充分的体现。为实现让农民“翻心”的目的，仅仅诉说苦难是不够的，还必须培养苦感、酝酿苦味，“要想想那时的苦味，不仅听人家苦，而且要想自己苦，这样使大会严肃悲痛”。为了调动诉者与听者的情绪，在诉苦之前需要教“苦主”怎样去诉，帮他“总结出几点令人最愤恨的罪恶，使群众听到后能引起高度的仇恨而参加斗争”。会场的安排也很重要，精心布置的会场更能发挥诉苦的仪式化功效。借助不断斗争的声势来发动群众，紧接着举行反封建的游街示威，提出坚决彻底消灭地主阶级的口号，通过游街，农民的劲头更大，以前极顽抗的大地主也害怕了，青木村大地主代学愚和他女人说：“不得了，我不得了，人人都喊我消减封建头子。”有的农民说要团结一致，坚决消灭地主阶级，这时紧接着开了斗争大会，收获很大。❶

5. 事先收集材料，确定斗争对象

在发动群众时，结合了解地主的政治材料与经济情况，做到心中有数，进行说理斗争，防止单纯的经济观点出现，只有在政治上将地主斗倒，他才能老老实实，在经济上赔偿人民损失。二区鱼嘴乡斗争地主陈艺辉时，事先收集了材料，斗争了三天，大量揭发他的罪恶事实，该地主慌了，向群众要求不送法庭，愿赔偿人民损失，他女人说：“我宁愿拿东西，也不愿叫陈艺辉死。”随后，共交出了795块银圆，人民币8万元，布32丈，衣服20件。二区五宝乡地主陈国华怕上人民法庭，将金条从鞋底拉出来。在发动群众时，要了解斗争对象的政治经济材料，千万不能为了发动而发动，否则是会走弯路的。同时，要将普遍发动与专门发动相结合，在会议上以普遍发动为主。❷

农会小组讨论后，找出斗争对象，经过各小组两三天讨论，得出一致的意见：斗争陈思溥、陈信孚、左宜之。大家都说陈思溥是恶霸，再经小组讨论提出事实，并再三讨论敢不敢斗争，大家都表示敢斗争，有的组都画了押、宣

---

❶ 《江北县委关于土改工作情况报告》，江北县档案馆藏档，全宗号：1，目录号：5，案卷号：1。

❷ 《江北县第七区偏岩乡土地改革工作总结》，江北县档案馆藏档，全宗号：1，目录号：1，案卷号：10。

誓。虽然如此，个别佃客见了地主还是不敢说话，如陈思溥偷卖一大猪，农会把陈叫来，要陈把卖猪的款拿出，陈思溥的一个佃客见到陈思溥后，仍说得很客气，他说："你在这个地方冷不冷，待一会儿农会主任走了，你就回去了。"针对此种情况，要随时教育启发群众，提高其觉悟，从而奠定斗争地主的群众基础。[1]

6. 许以利益，发动群众

根据形式经济学的"理性人"假设，利益追逐乃是社会行动者据以行事的基本出发点。在土地改革运动中，共产党清楚地意识到并充分利用了物质刺激，来促使农民打消顾虑、参加运动，其基本做法就是"谁斗谁分"，即以在群众运动中的表现作为分配斗争果实的基本依据。谁斗谁分的原则利用物质刺激来强化群众对土地改革运动的参与，有力地冲击了农民固有的道德观念，将他们引向斗争地主的行列。"只要积极参加斗争，就可以实实在在地分到土地、房屋、衣服和粮食。大伙一旦看清了这个事实，就都相继投入到以后的运动中去。"[2] 佃中农会议上，主要是以标账办法打通思想，一石变三石，租田变己田，每年收多少谷交多少租，剩下多少，上粮纳税多少，苛捐杂税剩余多少，土改后不出租、不出杂款，田又是自己的，对佃中农反复说明道理，对症下药，有的佃中农减租退押后，田就是自己的了，认为分田不是地主的田，是分佃农的，因此要再三说明强调阶级教育。

7. 发动地主的老佃户起来展开斗争

对以前被干部认为是地主狗腿子、经多次教育也发动不起来的一些老雇工和老佃户，这次用个别访问与小型座谈会的方法，对他们加强教育，启发其阶级觉悟后，他们都纷纷报出帮地主藏的东西。七区石家乡有三个佃户，经过这次教育后，交出给地主藏的物资，有金子几两，棉纱八并，若干件衣服等；乡齐平村二组的佃户较多，干部就住在这个村，深入开展教育后他报出替地主藏的东西，干部对其做出四大保证：①政治不侮辱歧视；②组织上仍可入会；③经济上照样分果实；④大家一条心，打击地主报复。两大召开（自报无过，检举有功），十家雇工发动的有九家，纷纷报出给地主藏的东西。[3] 召开老佃

[1] 《江北县第八区委减租退押清匪反霸运动全面总结》，江北县档案馆藏档，全宗号：1，目录号：1，案卷号：14。

[2] 韩丁：《翻身：中国一个村庄的革命纪实》，第138、172页。

[3] 《江北县委关于土改工作情况报告》，江北县档案馆藏档，全宗号：1，目录号：1，案卷号：5。

户、老雇工的座谈会，村干部向他们检讨，以前有对他们不好的一些地方，都是不应该的，并表明今后应团结一致，彻底消减地主阶级。这样做的作用很大，八区茨竹乡七村老雇工封顺成因给地主藏东西，农会将地主东西与他本人的一些衣服全部没收了，并要斗争他，该雇工害怕，听说开斗争会，跑到别村去了，村干部了解这一情况后将他喊回来，并向他做了检讨、承认了错误，将没收他的东西全部叫他认了去，感动得封顺成也承认了不应该给地主藏东西，并表明态度今后一定和农会团结在一起，斗垮地主阶级。

六区石船乡开了老佃户、老雇工会议，这些人没有参加农会，他们对农会是仇视的，农会干部对他们更是不好。在这次会议上，干部首先做了检讨，说明以前对他们的态度是不好的，会议上当场即有三个老佃户报出给地主藏东西，银圆40多元，还有布一锭，有一个老佃户说："我倒没有包庇地主，恐怕我女人给地主藏东西，让我回去详细问一下。"这个会上，大家情绪都很高涨，群众与农会更靠近了一步。[1] 农民的觉悟与思想的提高是不一致的，有积极的、中间的、落后的，尤其是一些老雇工、老佃户，因他们受地主统治最深，干部对他们的教育工作不够，一时不敢动。同时土地改革运动开始后，地主对他们态度有些转变，小恩小惠地拉拢，因此，更难发动，而干部又认为这些人是地主的狗腿子，因此对他们就不发动了，所以土改开始后，将近3月余的时间里，这些人未被发动起来，并将他们关至农会大门以外，个别的被农会所仇视，因此他们对农会也是仇视的态度。七区静观乡三村，有两个雇工住在地主院子里，农会就说他们是地主的狗腿子，与地主有联系，因此就不让入会。[2]

8. 开展斗争会来发动群众

开始斗争前，先进行五六次斗争试验，有的装地主，下边农民和地主讲理，有的喊口号，有的当通讯员，给工作同志报告斗争进展情况，头一天试验未成，农民不说话，有顾虑，情绪不高，会后做了检讨。第二天开始仍不行，口号不知怎样喊，会后由工作同志把喊口号的和骨干等人都进行了教育，拟定出一般口号，再三试验，农民和村干部都有了斗争经验，找到了斗争的方法，不仅锻炼了农民，而且农民觉悟也提高了。斗争会是12月4日上午10时开始

[1] 《江北县委关于土改工作情况报告》，江北县档案馆藏档，全宗号：1，目录号：1，案卷号：5。

[2] 《江北县第二期土改总结》，江北县档案馆藏档，全宗号：1，目录号：1，案卷号：5。

至下午2时结束，共计4个钟头，参加会议有三、四、五、六、七保，人数计五百余人。会议开始时，先由主席（农会主任）讲明开会的意义，接着把斗争对象提出，全保46个地主（在外边住的19户）仅斗争了3个，其余均在会上表示将全部押金退出，每个地主并当场具结三天退清。在斗争过程中，群众情绪还好，如开会前一天，和几个佃客说明明天开会，早一点来布置会场，农会主任聂茂林早早就到会场布置，早晨也未回家吃饭，小组长邓泽民郭少清也来会场布置。十一保的一个农民还来参加斗争大会，在路上走着说：斗争鸳鸯乡“雷神”“大南瓜”（地主陈思溥的外号），把他斗倒了，才能翻身。在进行斗争中，群众说：今天真正翻身了，过去哪敢这样做呢，“大南瓜”今天低了头。在斗争时，农民皆争先发言诉苦，使地主无法狡辩，虽然工作同志一再教育不要打地主，应和地主讲理，在这种情况下，仍有农民走到地主面前，用手拧地主的脸，以泄自己的愤恨，也有地主不愿承认自己的过错，群众愤恨地喊出打声，要他跪下，地主吓得赶紧跪下，主席立即征求群众同意，又把地主喊起来。总之，地主只有规规矩矩地向农民低头认错。❶

9. 利用追悼会来发动群众

在斗争前召开展览会、追悼会亦是启发群众阶级觉悟的一个好办法。四区麻柳乡召开了展览会，一个乡有一个大地主，减退及土改的三个月中都未查出一点东西，这次扩大干部会议后，干部深入发动了老雇工、老佃户，了解了材料，查到了他分散财产的四个大箱子，内装有金银、布匹、衣物，这时即将这些东西进行展览，并对群众进行教育，说明地主的顽抗，当时群众一致要求把该地主拉出来斗争。二区开了追悼会，因事先苦主未发动好，各方面准备也未做好，所以开得不够成功。八区茨竹乡开了一个追悼会，事先培养好了苦主，有了充分的准备，会场的台上外层是白布，里层是青布，很严肃，该地主用枪打死他的雇工，事先将该雇工弄到他家后受苦。情形是开始斗死，即用漫画说明贴在会场周围。看过这样展览后，群众更加痛恨地主，一致要求斗争，在斗争会上，苦主诉苦，下面群众大部分都为雇工，都有受苦受罪甚至被打死的遭遇，进一步增加了群众对地主阶级的仇恨心理。❷

---

❶ 《江北县第一区鸳鸯乡第六保减租退押材料》，江北县档案馆藏档，全宗号：180，目录号1，案卷号：7。

❷ 《江北县第一区第十二月总结》，江北县档案馆藏档，全宗号：180，目录号：1，案卷号：1。

10. 利用农训班发动群众

首先在党团员大会上进行动员，保证把这次会开好，要和群众打成一片，生活在一起，防止包办代替，启发引导，发扬民主。学习方式有大会报告、小组讨论、大会汇报。其中，小组讨论提纲通俗，适合农民口味，以漫谈方式进行。在大会上进行阶级启发，证明穷人在旧社会里吃不饱、穿不暖，住的是破茅屋，成天受穷受苦，地主却吃得好、穿得好，住的是宽宅大院，一切都是农民的血汗来养活他们。穷人之所以穷，就是受了地主的残酷剥削，并不是穷人的命不好。会上讨论题目如下：①过去受过哪种痛苦和压迫剥削？②如何方不受痛苦压迫？经过小组讨论，在大会汇报时群众当众诉苦，诉完苦后，会场激动起来，大家都充分认识到地主阶级的罪恶和在旧社会里对农民无理残酷的压迫剥削，大家都咬牙痛恨，要求重惩徐仲祥。❶

农训班一般是先讲农会组织通则，减租条例，退押实施办法，划分阶级成分，诉苦等内容。在训练时要和农民建立感情，讲解要联系实际，然后进行分组讨论、大会诉苦等。在训练开始的第一天，农民到后，工作同志给他们烧开水喝，来去迎送，首先从精神上给他们一个安慰，使他们感到人民政府的温暖，讲解政策法令时主要结合阶级教育，比如，讲减租意义，分析该保地主对农民的剥削情况，对农民进行教育，说明这就是农民穷困的根源，把每一个文件讲完就进行讨论。讨论时将 34 人分成 4 个小组，讨论会也就等于小组诉苦会。在讨论前，工作同志已研究出讨论的方法和目的，所以在讨论时都是围绕着“为什么减租退押”“不减租退押农民能不能再活下去”“穷是怎样穷的”等问题展开。农民讨论这些问题时，就是控诉地主，也就是诉苦，佃客赵钱山说地主找他老婆洗衣服，有时地主认为洗的不好还找他老婆，并且还让她给老板娘洗马桶，不准用附近稻田里的水来洗，因为有鸭子在水里拉过粪，嫌脏，要他老婆跑到老远的水井里打水来洗。根据农民的诉苦，进一步进行教育，这样农民的觉悟逐渐提高，由于农民觉悟提高及受训农民在群众中的宣传，起先不愿参加学习、怕耽搁瞌睡、耽搁活路、有肺痨病不能走动等的农民都被发动起来了。一甲李吉三的弟弟参加学习，他母亲不愿意，工作组的同志再三教育才去学习，后来李吉三的弟弟把学习到的东西告诉他母亲，他母亲也向工作组的同志要求参加学习，并督促李吉三的弟弟学习。开始学习时，有的农民不参

❶ 《江北县第五区委第二期农训班总结》，江北县档案馆藏档，全宗号：1，目录号：1，案卷号：4。

加，经过教育都参加了，并且嫌每天晚上学习时间太短，要求延长。四甲佃户杨炳荣说自己有肺病不能走路，后来他听说学习减租退押政策，也要求参加学习。一甲佃户赵树林每天晚上在受训农民王绍文家里等着王绍文回家，以便把学习的内容告诉他。根据上述情况可知，一般农民都要求学习，因此争取扩大训练班的方式。同时，和受训学员说明：只要愿意学习，凡是农民都可参加。这样，由30多人增加到100多人，又学习了3天（学习方法和内容同前），学习结束后，以每一甲为单位建立学习小组（农会小组），通过这个农会小组讨论、吸收与清洗会员、撤换领导等问题，一直保持到开展斗争。为了更深刻地教育农民，提高农民觉悟，除小组诉苦外，四甲贫农郭少清的母亲在大会诉苦，她在诉苦时说：□乡长邓明生拉壮丁勒索银圆五元未遂，把她丈夫弄到大狱关了十四天，人死后她仍借了五块钱去赎尸，因而贫困至极，自己出外讨饭，养活全家，又因为了给别人奶孩子，把自己的孩子饿死。老太婆诉苦时痛哭流涕，全场肃静无声。这都是因受剥削压迫而导致的。[1]

二、群众运动的经验与偏差

1. 发动群众的成功经验

①发动贫佃民，首先要打通干部的思想障碍问题。在运动初端，干部对依靠贫佃、团结中农的组织路线不明确，不相信贫佃农。如永兴陈代昌同志说，贫佃不积极，立场不稳定。经县委扩大干部会议以后，干部在思想上明确了组织路线，在这一阶段贫佃农也很快普遍地被发动起来了。②深入底层走穷访苦，了解贫佃农所受的压迫，与贫佃农建立感情，通过贫佃农的实际生活痛苦并针对其思想顾虑，从政治上来进行启发教育，提高其阶级觉悟，同时从多方面来帮助贫佃农解决困难，这样就易于发动起来。③利用贫佃农骨干去发动贫佃农，也是很好的办法。[2] 干部住到雇贫农家，从思想上、感情上和雇贫农打成一片，加强对他们的阶级教育[3]；召开各种会议，进行不同的教育，并利用

---

[1] 《江北县桥亭村（三村）在土改运动中发动群众的经过及体会》，江北县档案馆藏档，全宗号：246，目录号：9，案卷号：1。

[2] 《江北县第八区委减租退押清匪反霸运动全面总结》，江北县档案馆藏档，全宗号：1，目录号：1，案卷号：14。

[3] 《江北县第一区第十二月总结》，江北县档案馆藏档，全宗号：180，目录号：1，案卷号：1。

标语、漫画、壁报、黑板报斗争揭发地主的罪恶事实，表明彻底消灭地主阶级的决心，并在斗争对象都定好后，进行了反对封建游行大示威，组织声势浩大的群众运动，给地主政治上一个压力，同时启发了群众。三区洛碛即是这样做的，收效很大。❶

斗争的胜利与否，除了发动群众以外，还必须掌握斗争策略，一面斗争，另一面对小地主通过开庭进行分类，张榜公布，这样安定了小地主，孤立了大地主，使抗顽狡赖的大地主更害怕。掌握地主本身之外的突破口，对其家里的青年学生进行前途教育，如七区偏岩乡四村地主吴成代的儿子，农会对他进行了前途教育，使他觉悟提高。此外，必须掌握群众的斗争情绪与地主的政治经济材料，对大地主坚决进行打击，对小地主、中地主进行谈判。这一阶段在发动群众时要注意发动一些落后农民，如与地主有联系的一些老雇工、老佃户。总之，斗争的声势是极大的，群众的斗争情绪是高涨的。❷

2. 发动群众运动中出现的偏差

第一，在宣传动员阶段中的缺点主要是没有让农民干部亲自动员，而是工作组包办代替，主要是害怕农民干部不相信群众。在每一个动员阶段没有及时深入基层并搜集群众的思想顾虑，如第三村在进行动员工作时光读大道理，不管农民领会精神如何。动员大会与小会结合比较差，如八村动员后，由农民自己开会讨论，结果就没有讨论出来什么。揭露地主罪恶及破坏阴谋不够，要加强农民斗争意志，必须在大会小会中强调土地改革要搞好，地主非打倒不可，使农民知道土地改革是一场剧烈的斗争。❸

第二，根据现在运动开展情况来看尚未有乱的现象产生，但乱的萌芽也在生长。如自杀的 13 人中有小地主 7 名，贫农 1 名。再就是运动开展尚未普遍，仅是点的突破，面的开展才刚开始，如果全县普遍开展后，不能很好地掌握乱的现象，也可能产生麻痹和自满。县委已估计到并注意掌握这一问题。❹ 六区必须控制斗争对象，同时思想上须统一明确起来，乡村指挥官斗争锋芒指向大地主、恶霸地主、部分违法的中地主，这样不容易搞乱，即使有搞乱的，也是

❶《江北县第一区第十二月总结》，江北县档案馆藏档，全宗号：180，目录号：1，案卷号：1。

❷《江北县第一区第十二月总结》，江北县档案馆藏档，全宗号：180，目录号：1，案卷号：1。

❸《江北县大后乡土改工作汇报》，江北县档案馆藏档，全宗号：180，目录号：1，案卷号：6。

❹《江北县委关于土改工作情况报告》，江北县档案馆藏档，全宗号：1，目录号：5，案卷号：1。

在几个大地主身上（当然在指导的掌握上是不能够搞乱的）。[1] 斗争对象虽确定了但控制还不够严，如七区石坝乡还斗争一个小地主的18岁女儿，斗后她自杀了。此外，在几次扩大干部会议上虽然放手了，但是现在有的群众仍被政策所束缚，不敢乱，尤其是四区自纠正混乱现象后，群众的思想仍被政策约束，如这次龙安村斗地主敖铿铭在会上夺枪两次，梅溪乡斗争会上地主咬村长的手，像这样的现刑犯当时群众没有敢绑的，但是跪、绑、吊打这种现象仍然存在。同时，三区太洪乡有一个村用吊打搞出了东西，这样也最容易代替发动群众，现已注意纠正。还有的区虽重点开展斗争，但是声势不大，采用运动、黑板报、壁报、大会小会来大力揭发地主罪恶事实，表明消减地主阶级的决心还不够。目前的情况还是放手问题，但在运动普遍展开时，即必须注意强调掌握政策，以防出现混乱。为了掌握各区情况，及时交流经验，全面指导，县委书记赵寿亭同志这次即留在县委以便掌握全县情况和及时指导。[2]

现在斗争中乱的现象是未发生，但是个别的村，因地主的顽抗狡赖引起农民的愤恨，打的现象还是有的，个别的被打死，如八区永典乡二村地主唐树成将绑他的绳子搞断了后，即夺农民武装部的枪要打农民，被农民打了一棍（打在胸部）即死了。又如茨竹乡在斗争会上，一个地主身上还带有刺刀。七度石坝乡八村地主吴度领着农民到田里去挖藏的银圆，当刚走到那个地方后，该地主即捡起一块大石头，打农民武装，没有打着，像这样的，都被农民当场绑起来，并且打了几下。这也说明斗争越尖锐，敌人反抗性越大，现全县自扩大干部会议后（9月30日），自杀地主、大地主等30个（自杀12个，斗死17个，打死1个），中地主1个（斗死的），小地主6个（自杀5个，斗争1个），共40名。[3]

第三，深入地检查起来，群众发动得还是不够充分、不够彻底，还有一部分落后点的老农民、老雇工没有充分地发动起来。桥亭村在土改中有20个贫雇农与地主割不断关系，分配了土地后，还有10个立场不很明确的。这些不够彻底的原因，主要是脱产干部的任务观点，感到发动这些老不觉悟的人比较困难，只布置而不检查，对该村究竟有多少雇贫农没有发动起来，心中没有数。另外，村干思想上有问题，认为这些人落后，老不进步，赶不上自己积

---

[1] 《江北县委关于土改工作情况报告》，江北县档案馆藏档，全宗号：1，目录号：5，案卷号：1。

[2] 《江北县委关于土改工作情况报告》，江北县档案馆藏档，全宗号：1，目录号：5，案卷号：1。

[3] 《江北县委会十月份上半月工作情况报告》，江北县档案馆藏档，全宗号：1，目录号：13，案卷号：1。

极。桥亭村十二邻乡长陈国彬认为雇农新大洪不会说话，没啥用，因此也就不愿发动他。再有的就是错误地认为佃工是地主的狗腿子。例如，秀水村何策安的佃工老邓，以及和他住一个院子的人，干部都说不是好的，不准他们入会。此外，在发动的方式方法上也有些不对头，有的对雇贫农以严重的打击，采取斗争方式。桥亭村积极分子对落后农民说："你不说，我们就斗。"又如，对周炳均的佃工王维新（农会会员），农会了解不够，说他帮助地主分散了财产，就找来质问——变相斗争，因此使他在农会中无法容身，也不来开会了。赵保村农会副主任，把一落选的妇女委员吊起来斗，也就削弱了她的积极性。还有在经济上满足雇贫农的需要做得差，清匪反霸中的果实和从佃富农退押中抽出的一部分，有好几个村来分下去，有的村干贪污吃大锅饭浪费，分下去的也极不合理，越穷越分得少，没有适当满足他们的要求，这也是一个重要原因。个别村对雇贫农的发动是不够充分的，对封建势力的打击是不够彻底的。在发动雇贫农上，贫农数字是很大，在雇农方面却较少。赵堡村只有一个雇农入会，在领导地位上，雇农是很不够的。而且云台、新庙、赵堡等村，就连当小组长的也没有一个雇农，同时对一些落后的老农民、老佃工工作上做得差，干部（村干）对他们的认识与做法是不够正确的，思想上要转变这一个弯子，拿出一定的力量去启发教育，提高其政治觉悟，在经济利益上予以适当的照顾，把他们吸收到农会中来，并继续教育提高他们。在打击封建势力上，对准、稳、狠方面，做得不够，干部与农民都有些单纯的经济观点，枪毙了的就认为没事了，大地主也没啥搞头了，搞小地主或兼营工商业的钱到手快些，对地主的经济与政治材料都掌握得不够，斗争的时候也很少。从违法上说起，只问藏有多少金子，多少银子，地主不承认就无法再往下面追了，只好硬逼。这样地主在政治上没有诚心降服，经济上没有彻底挖空。个别村，干部思想上走过场，算日子，第一步几天，第二步几天，对地主斗了一下就算了，因此个别村有和平土改的现象，这是必须纠正的问题。[1]

在斗争会开始，由于村干部未开过这样的会，虽然有几次试验，到时候还是发慌，不知怎样进行好。第一个地主当时没有斗倒，把他带到别处，第二次斗争才斗倒了，把地主斗争了三个，估计在会上斗其他地主没有问题了。但有

---

[1] 《江北县第七区静观乡关于发动群众彻底消灭地主阶级情况报告》，江北县档案馆藏档，全宗号：1，案卷号：1，目录号：7。

一个地主，甘老太婆，在会上不承认退押，这时候群众说斗争她，她说斗争就斗争，使得群众下不了场，同时事先也未准备斗争她，在没有办法的情况下，农民提出暂时扣押，将来交人民法庭处理，这说明领导同志事先对地主的顽强性估计不足，在斗争喊时口号配合得不够好，不是根据会议的进程及时喊出，而是有时不应喊而喊出，应喊而未喊。追其原因，主要是村干部无经验。❶

三、小结：出现偏差的深层原因

应当看到，发动群众与规范群众之间存在着悖论，这是群众运动出现偏差的深层原因。发动群众诉苦水有某种人为建造性。发动群众是地权变动的第一步，不仅有经济意味，更重要的是有政治用意。一方面是共产党想尽办法发动群众，增强群众对土地改革的热情；另一方面是现实中，很多群众十分冷漠。广大群众在思想上提高了一步，尤其是雇贫农在思想上已真正明白了“谁养活谁”“地主是哪个富起来的，穷人是哪个穷的”和“地回老家合理又合法”的道理，并公开地、大胆地向地主阶级提出了“要权要田要钱”的口号，天翻地覆的农民运动正在轰轰烈烈地进行着。❷

新中国成立初期的土地改革运动得以开展的关键就在于必须动员起广大农民群众来。可以说，没有广大群众的积极参与，土地改革中各项工作的完成是不可能的。再好的政策法令也必须借助群众的支持才能得到贯彻执行。但问题是，一旦群众的热情被充分调动，大规模群众运动发动起来之后，往往会形成难以控制的局面，运动很容易超出政策法令的界限，出现一些过火行为或偏差。而且除非问题十分严重，否则偏差很难被上级领导察觉。因为基层干部对上级汇报时，常常会有选择性地收集群众意见以证明目前形势的大好和现行政策的合理，不一定会完全如实地反映运动中出现的问题。特别是少数群众在运动中出现违反政策的过激行为时，情况不能及时地汇报给上级部门。另外，即使偏差被觉察了，也难以被很快纠正。因为政策法令的调整相对于群众运动的自发性而言具有一定的滞后性，即过火行为或偏差的被纠是需要一定的时间

❶ 《江北县第一区鸳鸯乡第六保减租退押材料》，江北县档案馆藏档，全宗号：180，目录号：1，案卷号：7。

❷ 《江北县委关于土改工作进度与宗案工作情况报告》，江北档案馆藏档，全宗号：1，目录号：5，案卷号：1。

的。由于政策的发布和实施需要经过若干环节层层进行，所以可能造成实际上的反馈延迟和反馈失真。因此，对于土地改革中发生的过激行为，尽管来自高层的指导文件始终要求引起重视，加以克服，但这些要求往往停留在原则性说明层面，缺乏切实可行的具体措施，地方也很难找到适当的做法，以致错误在实际运动中很难被纠正过来。

由于群众运动所带有的强大惯性，在激荡的运动中，基层领导干部有时很难理性地理解和执行上级的政策，难免带有自身的关怀和利益考量，其行为取舍并不像我们想象的那样，都能站在党所号召的同一层面上，他们会根据自身的事业采取一些符合自己利益的主张。也就是说，在响应党的主张时，他们可能会有不同的理解、甚至扭曲党的主张的地方。各级领导机关和基层干部常常处于放手发动群众与纠正群众运动偏差方面的两难境地。各级领导机关和基层干部深深明白：要顺利完成党和上级交给的工作必须借助群众运动。发动群众运动与正确执行土地改革政策法令之间发生矛盾时，基层领导机关和干部往往支持前者，这在事实上鼓励了不遵守政策法令的行为。对群众自发斗争热情的极度强调，让试图按政策行事的领导者顾虑重重，“怕泼冷水”，因而难以采取有效的措施进行纠偏。可见，过于强调群众积极性，对情绪高涨的群众疏于引导，容易导致土地改革过激化。应该说，土改政策法令的群众运动推行方式中内含了导致土地改革过激化的某些因子。

相对于当时复杂的情势，新中国成立初期土地改革中很多政策法令制定的完备与精细程度值得称道，甚至超出令人的想象。尤其是西南地区作为较晚推行土地改革的地区，可以借鉴其他地区的经验教训，其政策法令可谓更加完备，又有从上到下强大的政府强制力量的推动，但这些都不足以阻止土地改革中的过激行为和严重错误。这些悲剧的发生，罪不在法令政策本身，而在于上面所说的这种群众性革命运动先天所蕴含的悖论中。就算是作为运动指导依据的政策法令比较成熟和稳定，但运动依靠的力量却必须是急风暴雨般的革命群众运动。群众运动中政策法令的制定与执行充满了不确定因素，不可避免地会发生错误和偏差。值得庆幸的是，我们看到，在新中国成立初期土地改革运动中，从中央到地方各级领导机关都特别注意在实践中不断总结经验、吸取教训。一旦发现群众运动超出政策法令界限而出现偏差或问题，往往都是高度重视，坚决纠正，甚至有时还会专门出台一些新的以纠偏为目标指向的政策法令，从而使运动重新走上健康发展的轨道。

第四章　地权变动的组织条件：农民协会的整顿

土地改革的推行离不开各级土地改革委员会、土改工作队、农民协会等专门机构的配合。尽管这些机构种类繁多，权力来源、职责权限、组织形态也各有不同，但它们都在土地改革实践中扮演着重要的角色。其中，西南地区县及以上各级人民政府按照《土地改革法》第28条的规定组织了土地改革委员会，以具体指导和处理本地土地改革事宜。土地改革委员会成立后，其重要工作之一就是抽调乡村农民积极分子和革命知识分子以及其他领域中的优秀分子，加以集中训练，编成土改工作队。经过培训后的土改工作队，被派到乡村基层，肩负着具体发动、组织和领导土地改革的任务。土改工作队介入以后，土改期间的村庄权力实际上由以下几部分组成：一是上级派来的土改工作队；二是党政组织即党支部和村政权（当时只有部分村庄成立）；三是以群众为主体的组织，如农民协会、民兵队等；四是顺应运动发展需要临时成立的各种组织，如分配委员会、没收委员会等。毫无疑问的是，作为非常规权力机关的土改工作队在村庄中拥有至高无上的权力，农民协会在村中的权力不能与土改工作队同日而语，前者可以随时对后者的权限加以限制或取消。鉴于已掌握的法律政策文件及档案资料，笔者将研究重心放在资料较集中的农民协会方面。

要保证土地改革顺利开展，必须把分散的个体农民转换为有组织的整体团队。农民联盟、农民协会都是保证土地改革具有持久活力的必备条件，不管它们自己宣布的宗旨是什么，组织本身就在农村形成了新的权力中心。[1] 实践中，中国共产党在全国农村普遍组织起农民协会，作为土地改革队伍的主要组织形式和执行机关。这些农民协会组织在土地改革运动中发挥着巨大作用。

---

[1] 塞缪尔·亨廷顿：《变化社会中的政治秩序》，王冠华等译，生活·读书·新知三联书店1989年版，第364－365页。

一、农民协会整顿的制度建设

新中国成立后不久，西南地区各地就制定出台了自己的农协组织章程或意见，以指导本地组建农协工作。这些规范文件的基本原则和主要内容与中共中央的《农民协会组织通则》大体是一致的。在中央颁布了《农民协会组织通则》以后，西南地区更是高度重视，发布了一系列指示，特别强调整顿农民协会的问题，这些都成为西南地区土地改革中整顿农民协会的制度依据。

（一）江北县农民协会整顿的制度环境

有关江北县农民协会整顿所应遵循的制度规定的情况，如表4－1所示：

表4－1　江北县农民协会整顿所应遵循的制度规定

序号	颁行主体	颁布时间	文件名称
1	政务院	1950年6月30日	《土地改革法》
2	政务院	1950年7月14日	《农民协会组织通则》❶
3	西南局	不详	《西南局关于农会协会组织几个主要问题的说明》❷
4	川东区党委	不详	《川东区农民协会组织章程（草案）》❸
5	川东区党委	1950年10月3日	《川东区党委农委会给各地委县委并农委的一封信》❹
6	川东区党委	1950年9月19日	《川东区党委关于纠正整顿农协工作中的偏向给各地电》❺
7	川东区党委	1951年12月5日	《川东区党委关于整理农协组织中对待反动的党团员和被群众管制分子的处理意见的通报》❻
8	重庆市委	不详	《重庆市农民协会组织章程》❼

❶ 中央政务院：《农民协会组织通则》，重庆市档案馆藏档，全宗号：D类《新区组织农协及减租问题资料》，目录号：422，案卷号：2。

❷ 中共西南局：《西南局关于农会协会组织几个主要问题的说明》，重庆市江北县档案馆藏档，全宗号：1，目录号：1，案卷号：1。

❸ 中共川东区党委：《川东区农民协会组织章程（草案）》，重庆档案馆藏档，全宗号：D类《各地农民协会组织章程汇集》，目录号：422，案卷号：1。

❹ 中共川东区党委：《川东区党委农委会给各地委县委并农委的一封信》，重庆档案馆藏档，重庆档案馆藏档，全宗号：D类《川东资料》，目录号：701，案卷号：28。

❺ 中共川东区党委：《川东区党委关于纠正整顿农协工作中的偏向给各地电》，重庆档案馆藏档，全宗号：D类《川东资料》，目录号：701，案卷号：27。

❻ 中共川东区党委：《川东区党委关于整理农协组织中对待反动的党团员和被群众管制分子的处理意见的通报》，重庆档案馆藏档，全宗号：D类《各地农民协会组织章程汇集》，目录号：422，案卷号：1。

❼ 中共重庆市委：《重庆市农民协会组织章程》，重庆档案馆藏档，全宗号：D类《各地农民协会组织章程汇集》，目录号：422，案卷号：1。

（二）关于农民协会入会条件的规定

1. 中央的规定

1950年6月，中央人民政府委员会颁布了《土地改革法》，这一法案规定："乡村农民大会，农民代表会及其选出的农民协会委员会，区、县、省各级农民代表大会及其选出的农民协会委员会，为改革土地制度的合法执行机关。"1950年7月14日，政务院颁布了《农民协会组织通则》，再一次确定，"农民协会是农民自愿结合的群众组织"。同时还指出："根据《中华人民共和国土地改革法》，农民协会是农村中改革土地制度的合法执行机关，由农民协会来执行土地改革法的实施。"其中，就成为农协会员的条件，《农民协会组织通则》第4条规定："凡雇农、贫农、中农、农村手工业工人及农村中贫苦的革命知识分子，自愿入会者，得乡农民协会委员会批准后，即可成为农民协会会员。凡被派到农村中从事农民运动的工作人员，均得加入农民协会，加入时，须取得当地农民大会或农民代表大会通过。在土地改革完成后，富农要求入会者，经乡农民大会或乡农民代表大会通过后，亦成为农民协会会员。"也就是说，一般情况下，只有雇农、贫农、中农才有资格加入农民协会，富农、地主不被允许加入农民协会。

2. 西南地区的规定

西南地区各地的农协组织章程或意见基本沿用了中央这一规定，个别地方有所细化或突破。一般都规定中农以下的人才有资格加入农民协会，个别地方放宽到佃富农（如《西康区党委关于组成农协的意见》）。有些地区还就会员的年龄、入会手续等做了规定。如《川东区农民协会组织章程》中规定："凡雇农、贫农、佃农、中农、农村手工业工人、贫苦知识分子年在16岁以上者，不分民族、性别、宗教、信仰，赞成本会章程、自愿入会者，均得为本会会员。忠心为劳动农民服务的农村革命知识分子，并取得当地农民信任者，要求入会，亦可吸收为本会会员。"川南区、川北区、重庆市、西康区的规定与此基本一致，文字上有微调。其中川北区、西康区的相关规定中未对年龄进行明确限定，而贵州龙里县龙山镇则将加入农民协会的年龄下限规定为15岁。川南区、重庆市、西康区等地在具体条文中明确列入禁止地主、旧式富农加入农民协会的内容。而贵州龙里县龙山镇明确规定："吸食鸦片及游民分子在未彻底戒绝与转变前，暂不准入会。"个别地方还进一步细化规定了入会手续。如川南区、重庆市等地都规定："经本人向当地农民协会报名请求，或由本会会员一人介绍，经当地农民协会委员会审查批准，即可加入本会为会员，入会者必须自愿，退会自由。"西康区规定："入会也有手续，即委员介绍、小组讨论和委员批准，但开始组织，由农协工作人员介绍即可。"

此外，除了以上各地颁布的农民协会组织章程或意见外，西南地区还根据本地实际情况和形势发展的需要，另行制定和出台了一些具体的政策法令。其中就加入农民协会的条件和壮大整顿农民协会的办法进行了重点规定，特别强调要把混入组织的不纯分子清理出去，以保证组织的纯洁性。

比如，《西南局关于农民协会组织几个主要问题的说明》中就特别强调农民协会必须是纯洁的组织。它指出："加入农民协会的必须是非剥削阶级的劳动者，不劳而获的地主不得加入农协，以免混淆阶级组织导致丧失和破坏了组织战斗力。纯洁是指不让地主富农及其代理人加入农协，更不让他们充当农协的领导者；而不是拒绝雇农、贫农、中农中犯有某些错误者入会，应当欢迎他们入会，加以教育团结这才是对的。"同时要求必须在会外团结农村中一切反封建的分子，包括那些赞成农村社会改革的开明士绅，组成反封建的统一战线共同来反对封建剥削制度；农民协会必须由核心骨干作为主要领导，农民协会中的主要领导应该从雇贫农中挑选。因为他们受压迫最重，阶级觉悟易于提高，他们对反霸减租以至土地改革的要求最迫切；而农村社会改革主要就是为了解决他们的生产资料和土地问题。但这不是说可以抛开中农，相反应当同时吸收中农积极分子参与农民协会的领导，各级农民协会领导的1/3从中农中挑选是完全必要的；入会不受性别限制，应切实吸收农民妇女入会，并吸收其中的积极分子参与农民协会的领导，必须保障妇女在农村社会改革中应得的利益和在社会上一切应有的权利。

二、整顿农民协会的具体实践

中华人民共和国成立后，以地主为首的乡村管理组织已经不可能成为领导土地改革的组织。建立新的农民组织成为农村社会一项新的任务。在土地改革运动中，最基层的组织就是农民协会，简称"农会"或"农协"，是在农村推动土地改革运动进行的有力组织。《土地改革法》第29条规定："乡村农民大会，农民代表会及其选出的农民协会委员会，区、县、省各级农民代表大会及其选出的农民协会委员会，为改革土地制度的合法执行机关。”

1950年年初，就江北县而言，江北县56个乡、582个保先后建立了农民协会筹备委员会，经过宣传发动培训骨干，在1个月内发展会员104 697个，占总人口的15.2%。1950年5月，江北县农民协会成立，张复治任主任，配干事2人。同年11月，8个区的农民协会成立，各配主任、干事1人。区农民协会成立后，认真贯彻执行“依靠贫雇农，团结中农，孤立富农，打击地主”的阶级路线。1950年年底，全县农民协会会员158 046人，占总人口的22.9%，56个乡、582个保均建立了农民协会。在土地改革期间，乡农民协会代行乡级政权机关职能，享有崇高威望。土地改革结束时，全县有会员266 833人，占应入会农民的78.4%，涌现出农民积极分子4 065人，其中提拔为国家干部的有285人，发展为中共党员的有537人。1952年10月，牛明杰任县农协会主任，区、乡、村农民协会共配有正副主任1 225人。民主改革任务完成后，进入社会主义建设，1953年6月，江北县农民协会撤销。[1]

土地改革的每个步骤均广泛运用了各种会议及走贫访苦等形式，进行诉苦、算剥削账教育，群众在阶级觉悟上、思想上都有很大的提高，同时整顿与发展了农民武装，全县现有农民协会会员266 833人，比减退时增加15%，占应入会的38.4%，占全县总人口的53.5%，其中女会员121 029人，男会员145 804人；全县农民武装部现有23 656人，其中女队员7 710人，男队员15 946人。从以上数据可以看出广大农民参加了农民协会与自己的武装部，掌握了枪杆子。通过土地改革运动，雇贫农的领导优势与农村权威普遍地树立起来。从领导成分上来看，90%以上的农民协会是雇贫农为主要领导。据各区统计，全县共有582个农会，雇贫农真正能当家做主、领导工作的有451个村，雇贫农当家而不能做主并领导工作的有102个村，中农当家的有25个村，地富及其他坏分子掌握的有4个村（这样估计可能有些过高）。全县村政干部共4 875个（含妇女444人），农民武装部有3 830人（含妇女896人）。第2期土改地区（大个区的统计）有农民协会主任和委员5 190个（含妇女730人）。从以上情况来看，雇贫农是较充分地发动起来了，同时也敢于和地主面对面地进行斗争，农民协会的独立领导能力比过去加强了，三个刀把子（村政、农

---

[1] 重庆市渝北区地方志编纂委员会：《江北县志》，重庆出版社1996年版，第136页。

会、农武）基本上掌握到以雇贫农为核心的农民手中了。[1]

实际上，农民协会并不是一下子就组织起来的。土地改革初期甚至出现了成员数量越来越少的情况，农民协会在发展中一度面临着各种各样的问题。主要原因有：起初，部分农民不了解农民协会的作用，认为加入农民协会没有好处，不愿意加入。而当组织扩大到一定程度，当越来越多的农民想要加入农民协会时，又出现了很多农民协会会员出于私心，为了保障自己所拥有的权力，阻止农民加入农民协会的情况。

此外，尽管各级政府颁布的法律法规规定了农民协会的入会条件，但在实践中，在土地改革初期仍有很多不符合条件的农民协会会员，他们中的很多是在之前的其他运动如清匪反霸和退押减租等过程中加入的，也有些是在土地改革过程中混入的，严重影响了农民协会组织的纯洁性。比如，有些地区通过减租退押，各乡村民群众皆组成了自己的组织——农民协会，但领导成分不纯的现象却是普遍严重地存在着。如石镇三村在土地改革前，农民协会主任 1 个是保队副，2 个是地主狗腿，委员 7 人中有 6 个是甲长、警丁，1 个是号称烂草帽的二流子，从成分上来看，正主任是中农，7 个委员中，光中农就不止有 4 个。经过这次整理组织后，雇贫农当了主任，9 个委员中中农不过 1 人，在农会领导上，雇贫农已经当了家。但多数的农会中，雇贫农的话可做决定，这点表示也做了主。在组织领导上——有的村雇贫农只是在表面上、在领导成分上当了家，但并不能做主。如第十四村，农民协会做主的是一个小土地出租者（统计员罗壁克），第三村是一个中农（18 岁的小文书）说话做数，有的村农民协会小组长由中农担任（如石填全乡中农小组长共 11 个，老茅一村 10 个小组长中，中农就占 4 个——其中有 2 个是小商贩）。[2] 此外，在土改前，很多村庄的农民协会情况是不够好的，如栽田村主任是个中农，专门走地主路线，把减退果实私自悄悄地借给地主欧代英，并且发动群众给他做活路，并把 230 名应入农会的会员挡在门外。响水村农民协会副主任李启华给地主唐朱氏隐藏衣服、被子各 3 件。大田村农民协会副主任杨光金的思想便打不通，常常说："我们是帮雇贫农的忙个嘛，搞起自己还是得不到！"从此工

[1] 《江北县委关于土改工作情况报告》，江北县档案馆藏档，全宗号：1，目录号：5，案卷号：1。

[2] 《江北县第八区石坎乡八村第十六次工作汇报》，江北县档案馆藏档，全宗号：1，目录号：12，案卷号：1。

作就消极了。在发动群众展开斗争中结合整理组织做得不够。有的农民协会主任包庇地主，如不整理对彻底消灭地主阶级是有困难的，如一区石坪九村农民协会主任到土城给地主藏了几十件衣服；十五村还有一个中农借50万元人民币与地主赔偿损失；三区五宝乡三村斗争形成僵局，主要是农民协会主任不能确定斗争的对象，他不斗，而群众要开斗争会，农民协会主任即以搬家为名，不参加斗争会，群众在农民协会主任的门口搜出他帮地主藏的金戒指、金项链各一个，该村斗争会上将地主斗急了，地主就喊村长（意思是叫村长救驾，村长与地主是亲戚），这说明目前在斗争中结合整理组织是很重要的。[1]

为了加强领导、纯洁队伍和保障土地改革运动的顺利开展，在土地改革开始之前及其过程中，江北县多次开展对农民协会的整顿工作，以保证土地改革依靠组织的纯洁性。整顿农民协会的重点在于改造不纯的领导力量和纯洁队伍两个方面。首先，农民协会干部是新的农村组织的核心，这些人是由农村中的新的精英人物组成，特别是一些土地改革的积极分子成为农民协会的领导成员。这些干部一般身家清白，不可能是地主出身；而且，必须是村里有能力的人并且获得了群众的认可或者接受过土改工作队的培训。其次，为了纯洁队伍，中央及西南局先后出台了农民协会组织法律法规，专门规定了农民协会的入会条件。

通常的做法有：首先，了解材料，发动贫佃农，召开贫佃农会议进行教育，并与走贫访苦、培养骨干紧密结合起来，在召开贫佃农会议、发动教育贫佃时，必须携手优秀中农妇女；必须在发动贫佃农业已成熟的基础上展开分组讨论，以贫佃农为主团结中农、妇女，使群众认识到为什么要整理原有农会，等骨干的威信逐步提高了，干部再具体深入了解，倾听群众的反映，群众积极要求整理，干部才能放手大胆地发扬民主进行整理。[2] 其次，要与走贫访苦深入发动群众结合。通过整理组织，对出身是地主、富农、地主狗腿子的村干部，必须通过群众大会进行批评予以撤职，清洗出会，对出身纯洁、成分好的村干部主要是教育，帮助其改造、提高，发现一个不好，即认为全村干部不好

---

[1] 《江北县委会十月份上半月工作情况报告》，江北县档案馆藏档，全宗号：1，目录号：13，案卷号：1。

[2] 《江北县第八区委减租退押清匪反霸运动全面总结》，江北县档案馆藏档，全宗号：1，目录号：1，案卷号：14。

的想法是错误的。[1] 在佃贫农初步发动的基础上有意识地提高佃贫农的威信，同时在佃贫农会议上提出消灭封建要由谁来领导才会进行得彻底，联系当前农民协会情况让大家讨论，经过酝酿讨论以后，再交小组由下而上地对不纯的农民协会领导成分进行改造。[2]

通过发动群众，群众觉悟逐渐提高，群众对组织也重视起来，对以前农民协会的毛病也敢提了。为了改选的胜利，某晚各组讨论了选举办法及候选人条件（领导干部条件）。候选人要向原农会委员提意见，因候选人太多，容易造成混乱又耽误生产，所以决定以代表大会的形式完成选举，以每 10 个会员选 1 个代表为原则，先在各组将要提的意见及要选的新委员统一起来，由代表带去提出，每个农民对这个问题都很重视，毫不马虎，七组组长胡禄烈说："这次不要放松了，搞坏了是我们自己吃亏。"所以 20 日选的结果，作风不好、历史不清的原农民协会主任孔正声、冉良才及委员刘开文及李洪文等都落选了，改选了他们认为理想的王伯元、邓正义、周宗兰等 17 名农民协会委员，大家高兴地散了会，在选举前各代表和原来农民协会主任及个别委员面对面地交换了意见，这样不但教育了原来的干部，也教育了就任干部和会员及我们的同志。[3]

以第一区鸳鸯乡第六保为例，工作组到保后，首先是发动群众。发动群众的重点主要是整顿农民协会，该保的农民协会在今年 5 月间由区干部指定由王孟轩开始筹备建立，6 月召开第一次农民大会，选举唐少洲为正主任，朱朝康、何顺清为副主任，正式成立农协会。3 个月后，又改选聂茂林为正主任，骨汉清、郭青云为副主任。在成分上，聂茂林为贫农，骨汉清为佃富农，郭青云为贫民。农民协会会员在筹备委员会时，有 150 人，但其中有地主富农，经过重新整理，有会员 126 人（这是工作组刚到该保时的情况，现在会员已增多了），在成分上有佃富农 4 人，中农 55 人（内有自耕中农 7 人），贫农 51 人，雇农 11 人，手工业工人 1 人，小贩 4 人。其次是通过深入调查了解，打消农民顾虑，个别培养教育骨干。了解的方式是：由涂家欣等同志负责一、二、三、四、五共五个甲，陈德崇等同志负责六、七、八、九、十共五个甲，每天都是和农民在一起做活路，建立感情，在闲谈中进行教育。针对上述情况对农

---

[1] 《各区及工作队县委关于发动群众整理组织划分阶级查封没收地主进行斗争的指示》，江北县档案馆藏档，全宗号：1，目录号：6，案卷号：1。

[2] 《江北县第一区土地改革工作总结》，江北县档案馆藏档，全宗号：180，目录号：1，案卷号：5。

[3] 《桥亭村农会发展情况》，江北县档案馆藏档，全宗号：1，目录号：1，案卷号：10。

民进行教育，教育内容除揭露地主造谣外，还以算账的方式，先从经济着眼，对农民进行教育。受过教育后，农民开始觉悟，找出了正派农民 34 人进行训练。再次是采取普遍提高会员的觉悟、个别清洗、调整领导的方针，调整领导工作开始进行时，群众尚未发动起来，因而采取分化、孤立、团结、清洗、撤换领导逐步地进行。根据各小组的意见，召开全体会员大会，到会者有 120 多人（仅有几个妇女，一是因为路不好走，二是有未在家的和赶场的未到），减退委员名单在大会上一致通过。当时骨汉清（佃富农，副主任，不做事）提出为什么不选郭青云，领导会议的工作同志根据群众意见，宣布郭青云在征粮中替地主瞒田等，郭青云本人虽然不愉快，但在群众的教育下，也不得不承认自己的错误。减退委员 12 人在农会领导之下明确进行减退工作，这 12 人又分为调查、审核、保卫三组，调查组主要了解地主的活动和经济状况，并进行押金登记；审核组主要审核登记是否属实；保卫组主要监视地主的活动，自分工后各组即开始办公。六保农协会是在开展斗争大会后的 12 月 13 日进行选举的，选举的方式是在未选举前，由农会里面的积极分子和原来的农会主任提出产生一名单，交给农民协会小组进行讨论，经过小组几次讨论修改后，大家一致通过（名单中除青年委员叶方国因年轻被人提出质疑外，其他委员名单未有争论，但叶方国的积极和能干是公认的，故讨论后名单上的人员最后一致通过。因这些人在斗争中、在工作中是公认的积极分子，在选举时全村农民协会员有 80% 到场，选举大会的程序是首先由原农会主任把提候选人名单及筹备选举的经过谈了一下，然后由工作同志讲明选举农民协会的重要意义，由司仪宣读候选名单，举手表决一致通过，共选出农民协会委员 7 人。当时由委员互推互选出主任、副主任各 1 名，青年、妇女、武装组织、宣教各委员在成分上有贫农 4 个、中农 3 个，农民协会委员选出后，工作组同志和全村人民向农民协会致祝词，农民协会主任致答词，会议在群众情绪高涨的情况下结束。[1]

三、整顿农民协会的效果

总的来说，尽管在农民协会的组织发展过程中出现过问题，但是土地改革

[1] 《江北县第一区鸳鸯乡第六保减租退押材料》，江北县档案馆藏档，全宗号：180，目录号 1，案卷号：7。

期间农民协会的会员人数明显增多，经过整理，会员的觉悟普遍提高了，领导力量也得到强化，绝大多数领导权现已切实掌握在贫佃农的手里了，实现了队伍纯洁化。一般来说，经过贫佃学习会及夜课班的教育，以及整理农会在政治上的启发教育和经济上的照顾，贫佃农的思想觉悟大大地提高了一步。当前贫佃当家做主人的思想树立得很牢固，而且大多数都愿意起来当家，搞好他们的翻身事业，如茨竹七村在贫佃会上问他们是否敢于当领导，他们异口同声地回答："我们坚决当好这个家。"又如，在大湾村贫佃会上动员参军时，干部问他们："人民的武装要谁来参加?"他们异口同声地回答："贫佃农。"再如，永兴六村贫佃农李轩成说："我不怕封建势力，我要办工作，我就是死了也光荣。"大湾一村在讨论农会要什么人来做领导时，佃农龙品山说："农会领导假使不要贫佃农，就像造房一样，东梁不正西梁歪，西梁不正倒下来。"另外，该村贫佃农在讨论贫佃农不团结中农行不行，贫农何树清说："不团结中农就像菜里没油似的，中农不依靠贫佃就像菜里没放盐似的。"大部分贫佃领导信心十足，但有少数的贫佃干部信心不足，如大湾乡第二村新的农会委员会选出之后，怕原有分子对抗他们的领导，委员兰华青（贫农）说："我们不好好搞，恐怕胜不过他们哩。"❶

特别是，有些地方还专门由群众对农协委员进行了坚决改选。第七区偏岩乡改选前后的阶级成分对比情况如下：原来的村长，中农 2 个、贫农 16 个、雇农 2 个，改选了中农 1 个、贫农 1 个。原来的主任，中农 4 个、贫农 14 个、雇农 1 个、小土地出租者 1 个，改选了中农 4 个、贫农 5 个、雇农 1 个。现在的主任，中农 2 个、贫农 16 个、雇农 2 个。现在的委员（村长主任除外）中农 26 个、贫农 86 个、雇农 10 个。这说明雇贫农所占的比例到了一定程度。❷

但也存在一些问题，比如有的地方，单纯地召开了贫佃农会议进行教育，没有中农参加，培养的骨干也不成熟，即召开会员大会对农会进行整理，贫佃农对原有领导提的意见非常尖锐，形成了斗争会，最后群众一致要求送交人民法庭处理。最后新的委员会不敢上台，且形成三个派别，中农是一派，原有委

---

❶ 《江北县第一区鸳鸯乡第六保减租退押材料》，江北县档案馆藏档，全宗号：180，目录号 1，案卷号：7。

❷ 《江北县第七区偏岩乡土地改革工作总结》，江北县档案馆藏档，全宗号：1，目录号：1，案卷号：10。

员会是一派，贫佃农是一派，后来分别召开会议进行解释，这种情况才扭转过来。[1]再如，六保农协整顿时对不同的人则采取不同的方针，适当地运用策略，从而在发动群众与开展减退斗争时起了一定的作用。比如，清洗农会委员李荣辉（请长工不给钱，辱骂农民协会）提高了农民协会在群众中的威信；对作风不好的副主任郭青云则采取团结教育的方式，因其在工作中也起了一定的作用，特别是在分配果实时，虽然撤了他的领导职务，但他很穷又无押可退，把他列为一等，这让他感到群众眼光雪亮，认识到个人不好只是个人问题。但是整顿过程中，工作组认为群众未被发动起来，因而错误地组织了减退委员会，虽然明确了其在农协领导下进行减退工作，而未放□到降低农会威信，这与中央做批示的农民协会是减退工作的合法机关的精神相违背。但这个组织待了十天左右，经过川东区党委指示才得以纠正。否则在减退工作中，农民协会在群众中的威信定会受到很大的影响。这种错误产生的原因是工作组领导同志对减退工作中政治路线与组织路线认识不明确所致。此外，农民协会的选举在斗争后进行，被选的农会主任及其他委员经过斗争检验成为农民领袖，这样虽然有一定的好处，但如果在斗争前选出农会领导者，其威信会更高，同时这些人在斗争过程中是以农会的积极分子身份出现。如果以农会领导身份出现，那么减退工作及群众的发动搞得定会更好。[2] 再如，永兴 9 个村，除五村农会领导权掌握在中农手里（9 个委员中有 8 个中农，现正在整理）外，其余 8 个村的领导权均掌握在贫佃农手里，如三村农会 9 个委员中有 3 个中农、6 个贫佃农，正副主任、武装委员都是贫佃农，其他各村与此基本一致。[3] 又如茨竹，在农会领导成分中贫佃农均占 2/3，中农占 1/3，全乡农会领导 158 人，贫佃农占 113 人，而且正副主任及委员完全是贫佃农，没有中农操纵领导之现象，贫佃农亦没有排斥中农之表现，基本上做到了中立富农。如大湾四村农会委员会 13 人，其中有 10 个贫佃农、3 个中农，而正副主任都是佃农，一般的贫佃农亦自动地团结中农，在生产互助上也很好，该村 14 名贫佃农分了大恶霸吴戴

---

[1] 《江北县第八区委减租退押清匪反霸运动全面总结》，江北县档案馆藏档，全宗号：1，目录号：1，案卷号：14。

[2] 《江北县第一区鸳鸯乡第六保减租退押材料》，江北县档案馆藏档，全宗号：180，目录号 1，案卷号：7。

[3] 《江北县第一区鸳鸯乡第六保减租退押材料》，江北县档案馆藏档，全宗号：180，目录号 1，案卷号：7。

阳之田地以后，一般中农对他们的帮助很大，如佃中农张南山喂了两头牛，主动借给他们种田不要钱，如贫农罗兴友也自愿地不找中农罗隆盛退押了，在中立富农问题上搞得不错，一般在退富农的押佃时照顾了富农的生产，克服了以前一扫光之思想。❶

四、小结：农民协会的性质、作用和历史命运

在新中国成立初期的地权变动运动中，完全依靠党员干部进行土地改革工作既不现实也不经济。中国共产党借鉴民主革命时期的经验，组织群众成立新的农民协会，发挥农民协会的主体作用。由此，以农民群众为主体的农民协会对于这场运动的成功推行起了至关重要的作用。但也存在着一些问题。比如，农民协会的性质和角色在制度设计中与实践中不一致。按照中央和西南局的相关文件，农民协会被规定为群众性自治组织和土地改革的合法执行机关。刘少奇在《关于土地改革问题的报告》中指出："农民协会应该成为土地改革队伍的主要组织形式和执行机关。各级农民代表大会、农民协会委员会和各级人民代表会议，应该成为土地改革中活动的中心。"《土地改革法》第 29 条规定："乡村农民大会，农民代表会及其选出的农民协会委员会，区、县、省各级农民代表大会及其选出的农民协会委员会，为改革土地制度的合法执行机关。"《农民协会组织通则》规定："农民协会是群众性自治组织。""农民协会是土地改革的合法执行机关。"但通过分析发现，从中央到地方在立法上对农民协会的性质及任务的定位有许多模糊不清之处，有一些规定与实践情形并非完全吻合。但从西南地区江北县村庄的权力运作情形来看，农民协会在实践中部分承担了基层政权的职能，还兼有反封建统一战线的功能。可以说，新中国成立初期的农民协会是一个具有多重性质的综合性组织。首先，农民协会部分地担当了新中国成立初期农村基层政权组织的职能。实践中，由于当时的农民代表大会不是常设机关，农民协会与乡政府合署办公，两者在很多情况下难免混为一体。当时的农民协会实际上并不是一个纯粹建立在农民利益共同体上的具有现代意义的民间社团，而是部分地承担了基层政权组织的职能并成为新生的政

❶ 《江北县第八区委减租退押清匪反霸运动全面总结》，江北县档案馆藏档，全宗号：1，目录号：1，案卷号：14。

权体系的组成部分，具有准政权机构的性质。在新中国成立初期土地改革与军管的背景条件下，国家政权力量一直延伸到农村最基层，村级农民协会执行了政权的职能，村以上各级农民协会被融入正式的政权体系中。1952 年 11 月 12 日公布的《中共中央关于建立农村工作部的决定》对此做了明确说明：省以上设立农村工作部，县区委一般不另设农村工作机构，但在老区可保持 5 个人的县农民协会的指标编制，协助县委处理农村工作。新区在目前亦得保持区农民协会的组织，每区 2 人，应从区级编制中调剂。❶ 其次，农民协会还是农村反封建统一战线的政治联盟。加入农民协会往往成为一种政治身份的象征，是区分“敌”“我”的一个标准。农民协会不仅吸收雇农、贫农、中农、农村手工业工人及农村中贫苦的革命知识分子，而且在土地改革完成后，富农要求入会者，经乡农民大会或乡农民代表大会通过后，亦可成为农民协会会员。新中国成立初期的农民协会实际上是以贫雇农为主的农村反对封建势力的统一战线联盟，是土地改革取得胜利的支撑力量。

这种历史角色决定了农民协会必须是纯洁的阶级组织。农民协会会员必须是非剥削阶级的劳动者，不劳而获的地主不能加入农民协会。作为农村社会改革中的主要组织和核心力量，纯洁的组织成分是保证农村阶级斗争的胜利和农民阶级的彻底解放的重要条件。❷ 农民协会中的主要领导成分应该从雇贫农中挑选，因为他们受压迫最重，阶级觉悟易于提高，他们对反霸减租以至土地改革的要求最迫切。农民协会的组织原则为民主集中制，就是在民主基础上的集中和集中指导下的民主。民主基础上的集中主要表现在会员一律平等，均有发言权、表决权、选择权、被选举权，各级农民协会领导机关皆经民主选举产生，不是个人领导制，而是委员集体领导制。

另外，这种农民协会具有很明显的过渡性特点。新中国成立初期的农民协会是适应了当时形势的需要迅速兴起的带有鲜明的基层权力机关色彩的组织。农民协会是新中国成立初期建政工作中的过渡性环节。新中国成立初期起临时宪法作用的《共同纲领》明确规定：人民行使政权的机关为各级人民代表大会和各级人民政府。各级人民代表大会用普选的方法产生，凡在土地改革彻底

❶ 《建国以来重要文献选遍》第 3 册，中央文献出版社 1992 年版，第 410 页。

❷ 《西南局关于农民协会组织几个主要问题的说明》，江北县档案馆藏档，全宗号：1，案卷号：1，目录号：1。

实现、各界人民已有充分组织的地方，即实行普选，召开地方的人民代表大会。国家根本法从一开始就没有为农民协会的长久存在留下法律依据。农民协会本身缺乏独立的目标体系，其目标很大程度上取决于党和政府的授意。新中国成立初期的农民协会是在党和政府的组织发动及资助下建立起来的，对党和政府表现出很强的依附性。如同这个时期绝大多数村庄和生产大队/生产队，设立的党支部/党小组、村政权、生产大队/生产队管委会、贫农团、贫农小组、贫下中农协会妇女协会、青年协会及民兵队等组织一样，共产党领导下的各种群众组织，与传统乡村社会的农民结社、与现代城市社会的自组织群体，都有着实质性差别，关键即在于它们与国家权力体系之间的密切关联。这些群众组织是由国家行政力量加诸乡村社会的，是国家权力体系的宣传、动员和行动组织，是外来的而不是村庄社区内生的。尽管按照《农民协会组织通则》的规定，农民协会的主席、副主席及各个委员是由农民代表大会选举产生，但事实上为了保证党的意志得以贯彻执行，大部分农民协会的领导人都是经过了有关党政部门批准，并以国家干部的形式来加以管理的，有的是由乡村各级行政干部兼任。农民协会实际上已经异化为行政机关的一部分。从经济上看，农民协会大多靠政府支持得以成立，这更加造成了其对行政机关的依赖。受特定的政治文化和历史条件的制约，新中国成立初期的农民协会最终没有发展成为真正意义上的现代社会组织。对于土地改革中的农民协会性质和命运的理解也必须纳入这一历史境遇之下。农民协会的历史发展过程向我们昭示了这样一个规律：即中国农民协会组织的建立及其任务大多与当时中国面临的主要问题相关。当时中国现实问题的性质与特点决定了农民协会组织的不同性质、任务和功能。比如，清末民初的农民协会，是一种社会经济自助组织，其主旨是推进农业的发展；国民党的农民协会是以地主阶级为主体的政治性组织，其目的是维护社会稳定；而共产党领导的农民协会，则是按阶级斗争原则组织起来的准政权组织。总体而言，传统农民协会的建设适应了当时农业发展和农村政权建设的需要。具体到土地改革运动中，作为执行机关的农民协会通过发动民众完成了土地改革经济目标的同时，也对传统的乡村秩序进行了猛烈的冲击。新中国成立初期的农民协会既是土地改革的执行机构，也部分地担当了基层政权组织的职能，同时还是共产党团结、教育全体农民进行农村革命与生产建设的主力军。

然而，国家权力对乡村社会的这种主导作用决定了国家在动员乡村力量组织农民协会的过程中并没有使农民协会成为一股独立于国家行政控制之外的政治力量。因此，随着土地改革的完成，那些已成了乡村社会权力体制中最重要政治力量的农民协会，却悄然退出了中国乡村社会的政治舞台。❶ 共产党的这种运作模式给中国农民协会的性质定位打下了深层的烙印，并可能对未来农民协会在中国社会的发展产生某种消极影响。由于共产党主要是将农民协会作为动员农民参加革命的工具，运用农民协会组织进行了一系列的革命活动，所以农民协会在许多中国人的心目中意味着一个社会革命组织，具有准政权的性质，甚至是阶级专政的工具。这成为人们在目前现代化建设中对农民协会性质定位的先入之见，成为阻止农民协会重建的一大障碍。人们还是习惯将农民协会定位为政府或半政府组织。

近些年来，学界又有人呼吁重建农民协会。但学界对重建农民协会众说纷纭，莫衷一是。❷ 党的十六大报告提出了农民组织化问题，使本来已经备受关注的农民协会重建问题日益升温。回顾中国农民协会百年发展史，我们深深地感到，在中国这样具有长期集权主义传统的国家，想要组建真正意义上的社会组织是十分困难的事情。事实上，在世界许多国家的农民协会实践中，农民协会是以保障农民利益，提高农民知识技能，促进农业现代化，增加农民生产收益，改善农民生活，发展农林经济为宗旨的公益性社团组织。其政治功能主要是整合和表达农民利益，它是与政府沟通协商的政治参与组织，它可以代表农民利益向政府施加压力而被称为压力团体，但绝不是旨在与政府对抗的革命组织，更不是一级政权机关。❸ 故而，在中国，要把农民协会建设成为真正意义上的农民组织，就一定要坚持“民间性”“自治性”和“自愿性”的原则。

---

❶ 1953 年春土地改革复查结束后，各地开始逐步组建乡村政权机构，各级农民协会的工作逐渐由乡村政权组织所取代，原先的农会骨干大多转为乡（村）干部。1954 年春，经过普选，建立乡人民代表大会，乡农民协会组织为乡人民代表大会所替代，乡以下的农会组织也由村政权所取代。到了 20 世纪 60 年代，随着人民公社制度的推行，乡村社会的冲突也激烈起来，通过成立农民的阶级组织来进行政治动员又成了当政者的策略选择。因此，1963 年 5 月中共中央发布了《关于目前农村工作中若干问题的决定（草案）》，提出重新组织阶级队伍，发展集体生产。各县开始建立贫下中农组织。接着各区、公社和大队都建立了相应的协会组织，生产队建立了贫协小组。1978 年，十一届三中全会以后，各级贫协组织逐渐消失。到了 1982 年后，全国各地贫协组织基本消失。

❷ 胡鞍钢指出：“国家应制定《农会法》，在农村依法建立农会，反映农民利益，保护农民利益，建立与政府的信息渠道，同时从事农村社区公益活动。”（参见胡鞍钢：“加入 WTO 后的中国农业和农民”，《二十一世纪》2002 年第 2 期。）

❸ 于建嵘：“20 世纪中国农会制度变迁及启迪”，《福建师范大学学报》2003 年第 5 期。

第五章　地权变动的阵营区分：阶级成分的划分

土地改革运动中划分阶级成分的目的是分清敌我界线，弄清分谁的田。如何正确划分阶级是土地改革运动中很关键的一步，是土地改革重新分配土地等资源的前提，关系到土地改革目标能否正确得以实现。只有先划分出了阶级，才能分清敌我友，才能进而判断依靠谁、中立谁、打倒谁，从而准确定位运动的依靠力量和打击对象。毛泽东曾经说过："谁是我们的敌人？谁是我们的朋友？这个问题是革命的首要问题。"明确区分朋友和敌人，将乡村社会分裂为敌、我两个对立的阵营，成了中共乡村变革的第一步。乡村社会本就不是一个团结融洽的共同体，其间存在诸多矛盾和冲突。共产党进入乡村社会之后的首要任务，就是要用阶级身份、阶级利益、阶级矛盾、阶级冲突来取代各种旧的身份、利益、矛盾、冲突，以阶级关系去统摄乡村社会基于亲友、邻里、身份、派别、地域、经历等形成的种种社会关系。这样的做法反映了中共力图将原本多元、复杂的社会矛盾一元化、阶级化的倾向。阶级成分划分的基本政治功能在于：一是将农民与地主、穷人与富人加以明确区分和对立；二是将贫雇农与中农的界限、这姓与那姓的矛盾、这庄与那庄的冲突予以淡化和消解。这两种技巧相辅相成，重新塑造了乡村社会关系。前者满足了党和国家的动员目标，即激发乡村民众对地主、富人的仇恨情绪，使之自觉参加群众运动，自觉为中共提供战争所需的人力物力资源；后者满足了党和国家的治理目标，即以阶级团结来化解社区内部和社区之间普遍存在的血缘、地缘冲突，达到乡村社会的整合，从而帮助党和国家实现对乡村社会的有效治理。

一、阶级成分划分的制度建设

（一）江北县阶级成分划分的制度环境

在中央出台的一系列划分阶级成分文件的基础上，西南各地根据实践过程中出现的偏差或疑难问题发布了一系列相关指示，或解释，或补充中央的相关规定，这些都是江北县划分阶级成分的重要制度环境。具体情况如表 5－1 所示：

表 5－1　中央及西南地区划分阶级成分制度规定一览表

序号	颁行主体	颁行时间	文件名称
1	政务院	1950 年 6 月 30 日	《土地改革法》
2	政务院	1950 年 8 月 14 日	《中央人民政府政务院关于划分农村阶级成分的决定》及其补充规定❶
3	政务院	1950 年 10 月 26 日	《中央关于中农与富农划分问题的指示》❷
4	政务院	1950 年 12 月 18 日	《中央关于雇短工的剥削分量计算问题复华东局电》❸
5	政务院	1951 年 1 月 30 日	《中央关于划分兼营农业的工人家庭阶级成分的指示》❹
6	政务院	不 详	《关于土地改革者的几个问题解答》❺
7	政务院	不 详	《中央关于各地土改中所提疑问的解释与指示》❻
8	政务院	不 详	《中央关于富农总收入和剥削收入计算办法的指示》❼
9	政务院	1951 年 1 月 31 日	《中央转发华东局和浙江省委关于划分阶级的指示》❽
10	政务院	不 详	《中央关于兼营农业的工人家属成分划分问题复上海市委等》❾
11	西南局	不 详	《关于划分农村阶级的若干问题与答复》❿
12	西南局	1951 年 1 月 24 日	《西南局关于划分农村阶级成分的几点意见》⓫
13	西南局	1951 年 2 月 24 日	《西南局对划分成分问题复川北区党委》⓬

❶ 重庆市档案馆藏档，全宗号：D 类《土改文件汇编》，目录号：65，案卷号：12。
❷ 重庆市档案馆藏档，全宗号：D 类《川东资料》，目录号 701，案卷号：33。
❸ 重庆市档案馆藏档，全宗号：D 类《川东资料》，目录号：701，案卷号：33。
❹ 重庆市档案馆藏档，全宗号：D 类《划分农村阶级成分手册》，目录号：65，案卷号：5。
❺ 重庆市档案馆藏档，全宗号：D 类《土改文件汇编》，目录号：65，案卷号：12。
❻ 重庆市档案馆藏档，全宗号：D 类《土改文件汇编》，目录号：65，案卷号：12。
❼ 重庆市档案馆藏档，全宗号：D 类《川东资料》，目录号：701，案卷号：33。
❽ 重庆市档案馆藏档，全宗号：D 类《划分农村阶级成分手册》，目录号：65，案卷号：5。
❾ 重庆市档案馆藏档，全宗号：D 类《川东资料》，目录号：701，案卷号：37。
❿ 重庆市档案馆藏档，全宗号：D 类《土地改革参考资料》第 3 辑，目录号：65，案卷号：22。
⓫ 重庆市档案馆藏档，全宗号：D 类《划分农村阶级成分手册》，目录号：65，案卷号：5。
⓬ 重庆市档案馆藏档，全宗号：D 类《川东资料》，目录号：701，案卷号：38。

（二）划分阶级成分标准的具体规定

共产党对这一问题的探讨，始于革命年代。新中国成立初期，党又结合新情况对其进行了进一步的调整和完善。新中国成立初期出台的《土地改革法》第31条规定了划分阶级成分的程序，即“按自报公议方法，由乡村农民大会、农民代表会，在乡村人民政府领导下民主评定之。其本人未参加农民协会者，亦应邀集到会参加评定，并允许其申辩。评定后，由乡村人民政府报请区人民政府批准。本人或其他人如有不同意见，得于批准后15日内向县人民法庭提出申诉，经县人民法庭判决执行”。但没有就划分标准问题做出规定。这方面的规定主要体现在《中央人民政府政务院关于划分农村阶级成分的决定》及其补充决定中。中央认为1933年瑞金民主中央政府为正确地解决土地问题而公布的这两个文件，即《怎样分析农村阶级》和《关于土地改革中一些问题的决定》，除了一小部分现时已不适用外，其余全部在现时的土地改革中是基本上适用的。中共中央于1948年5月25日重新公布了这两个文件，并在土地改革工作中广泛加以推广，实践也证明这两个文件是适应当时情况的。1950年8月14日，中央人民政府政务院又将这两个文件稍加删改和补充后，再行公布，以此作为指导新中国成立初期土地改革中划分阶级成分问题的基本文件。

《中央人民政府政务院关于划分农村阶级成分的决定》分别就地主、富农、中农、贫农及工人的基本特征进行了描述和说明。占有土地，自己不劳动，或只有附带的劳动，而靠剥削为生的，叫作地主。地主剥削的方式，主要是以地租方式剥削农民，此外或兼放债，或兼雇工，或兼营工商业，但地租是地主剥削的主要方式。管公堂及收学租也是地主剥削的一类。有些地主虽已破产了，但破产之后有劳动力仍不劳动，而其生活状况超过普通中农者，仍然算是地主。军阀、土豪、劣绅是地主阶级的政治代表，是地主中的特别凶恶者。（富农中亦常有小的地主、劣绅帮助地主收租、管家，依靠地主剥削农民为主要生活来源，其生活状况超过普通中农的一些人，应与地主一样看待。）所谓富农，一般占有土地，但也有自己占有一部分土地，另租给别人一部分土地的；也有自己全无土地，全部土地都是租人的，一般都占有比较优良的生产工具及活动资本，自己参加劳动，但经常依靠剥削作为其生活来源之一部分或大部分。富农剥削的方式，主要是剥削雇佣劳动（请长工）。

由上可见，判定各阶级成分的主要衡量指标是生产资料的占有及剥削情况。任弼时同志在1948年1月曾指出：划分阶级成分的标准只有一个，就是依据人们对于生产资料关系的不同，来确定各种不同的阶级。由于对生产资料占有与否，占有多少，占有什么，如何使用，以及由此产生的各种不同的剥削与被剥削关系，就是划分阶级的唯一标准。[1] 但是，为了应对实际情形的复杂性，中央划分阶级成分的文件不得不采取很多模糊性的语言。比如，就生产资料的占有情况，使用了诸如"一般占有土地""占有一部分土地""相当的工具""不完全的工具"以及"极小部分的土地与工具"等说法。在剥削问题上，使用了诸如"靠剥削为生""经常依靠剥削""有轻微的剥削"等说法。显然，这些模糊说法还不足以作为划分阶级成分的实际依据，具体划分时必须借助更精确的量化标准，细化上述规定。

此外，《中央人民政府政务院关于划分农村阶级成分的决定》还就土地改革中的一些问题，如劳动与附带劳动的问题，富裕中农的问题，富农的剥削时间与剥削分量问题，反动富农问题，富农应有的土地、房屋、耕牛、农具问题，破产地主问题，贫农、知识分子、游民、宗教职业者、红军战士中地主富农出身的分子与土地问题，工人的家庭是富农或地主者以及地主、富农、资本家与工人、农民、贫民相互结婚后的阶级成分问题等做了进一步说明，甚至引入案例[2]，更加精确地给出了各阶级成分间的界限。如区分地主与富农的主要界限在于是否劳动，富农自己劳动，而地主自己不劳动或只有附带劳动，并对"劳动""主要劳动"与"附带劳动"做了明确的界定。再如，将富裕中农与中农的界限从剥削分量（是否超过全年总收入的25%）和剥削时间（向前推算，剥削是否超过3年）两个方面进行了界定。

《中央人民政府政务院关于划分农村阶级成分的决定》还根据新区的实际社会状况提出了划分阶级成分的一些新标准和新定义。具体包括：二地主，即向地主租入大量土地，自己不劳动而转租于他人，生活水平超过中农者，视同地主；将工商业兼地主或地主兼工商业确定为阶级成分，这类情况称为其他成分兼地主，或地主兼其他成分。其他成分兼地主者，在土地改革完成以后即照

---

[1] 任弼时："土地改革中的几个问题"，《解放战争时期土地改革文件选辑》，中央档案馆编，中共中央党校出版社1981年版，第104－108页。

[2] 比如，在对富裕中农的问题、富农的剥削时间与剥削分量问题、反动富农问题进行规定后，又引用具体案例加以说明。这也是当时政策法令的特色做法之一。

其他成分对待；地主家庭的成员以所有土地的主要部分出租，其数量超过自耕和雇人耕种之数量三倍以上者，虽然自己常年参加主要农业生产劳动，仍应定为地主；富农出租大量土地超过自耕和雇人耕种之数量者，为半地主式富农；知识分子的阶级成分分为几种情况，受雇于机关、企业、学校等为办事人员者，为职员；受雇于机关、企业、学校为工程师、教授、专家等，为高级职员；独立营业为生之医生、教师、律师、新闻记者、作家、艺术家等，为自由职业者；手工业从业人员方面分为手工工人、小手工业者、手工业资本家三种；商业从业人员分为小商、小贩、商业资本家或商人；革命烈士家属指辛亥革命以来历次为革命阵亡和死难的烈士，以及抗日战争、人民解放战争阵亡将士的父、母、妻（或夫）、子、女及16岁以下的弟妹、18岁以下的少年儿童和在校学生，一般不划定阶级成分，只划定阶级出身；凡依靠或组织一种反动势力，称霸一方，经常用暴力和权势欺压掠夺人民，造成人民生命财产之重大损失者，为恶霸。经举告并查有实据者，由人民法庭判决处理；解放前工人、农民、贫民女子嫁与富农、资本家不满三年，至解放后与其同等生活满一年后，应改为富农、资本家成分；上述出身女子解放后嫁与富农、资本家过同等生活满一年后，应改为富农、资本家。

但是，问题的复杂性超出理论设计者的预期太多。在《中央人民政府政务院关于划分农村阶级成分的决定》适用一段时间后，实践中又发生了若干难以解决的新问题，如小土地出租者、半地主式富农与地主的区别，债利生活者与债利剥削、农业主要劳动、中农与富农的划分，畜牧业者、农村工商业家、渔民、国民党政府的各级负责官吏、革命军人、中农贫农及其他劳动人民的阶级成分构成的时间，工人、农民、贫民之子过继与地主、富农、资本家为子者的阶级成分，城镇中的农业土地如何处理等。为了解答这些实践中出现的新问题，中央人民政府政务院出台了《中央人民政府政务院关于划分农村阶级成分的补充规定》。为了更好地说明中农与富农的界限，中央还出台了《中央关于中农与富农划分问题的指示》，对原先政策未明确说明的“中间地带”做出了进一步说明，规定：“只有对那些剥削量在一个长工以上、在两个长工以下者，才需要具体计算其剥削收入是否超过收入的25%；超过者应定为富农，不超过者应定为中农。”尽管中央试图明确地界定划分阶级成分的尺度与标准，但在全国各地划分阶级成分的过程中仍然出现了大量疑难问题。各地将情况上报中央后，中央高度重视，及时研究，并不断出台新规定予以解答。

在划分阶级成分的实践过程中，西南各地就划分标准提出了大量疑问。对此，各级政府及其他领导机关高度重视，有的还专门发布了相关指示予以解决。一般而言，解决办法主要有以下三种：第一，直接援引《土地改革法》《中央人民政府政务院关于划分农村阶级成分的决定》等政策法令做出解释。论述的思路是首先列出上位法关于这个问题的有关规定，然后结合本地实际展开分析，甚至是很细的量化分析，或解释细化上位法的规定，或说明上位法规定的不合理或不适用之处，最后给出针对本地实际情况的处理意见。第二，在上位法无规定的情况下，援引一些非正式政策法令渊源，如新华社信箱曾经做过的答复或领导人的讲话等。第三，在找不到现成规定的情况下，在遵循上位法基本精神的原则下，结合本地实际情况自行给出答复。由此，我们可以深刻感受到中央给予地方领导机关就本地事务的处理权限之大以及地方在土地改革政策法令制定与实施过程中的主体性地位和作为所在。

比如，西南地区出台了《西南军政委员会土地改革委员会关于划分农村阶级的若干问题与答复》，以解答西南地区实践中划分阶级成分过程中较为普遍发生的各种疑难问题。诸如：生活状况是否列为划分阶级的标准之一？什么是经营地主？妇女劳动力应如何计算？构成革命军人与革命职员的时间如何计算？解放前在农村中出放大量债款，并以债利剥削为其生活之全部或主要来源者应划定为什么成分？地主破产后仍不从事劳动，而其生活状况不如中农者，应定为什么成分？如何评定经纪、牙人的阶级成分，土地改革中如何对待他们？有些人，自己没有土地或仅有一小部分土地，而租入大量土地雇人耕种，自己不参加农业劳动（有的还兼有其他职业），以此为其全家生活主要来源者是否可定为经营地主？家住农村，以雇工经营工商业（如开杂货铺、药铺、砖瓦窑、石灰窑、做酒、船主等）为其生活之全部或主要来源者，应划为什么成分？等等。

二、阶级成分划分的具体实践

如前所述，从中央到西南地区出台的大量文件力图细致规定怎样划分阶级成分。尤其对其中的划分标准问题，制定得非常详细，但是某些条例的规定执行起来有一定的难度，如对于剥削量的计算，由于地主、富农的劳动量具体为多少很难查清和界定，无论是地主、富农自己交代还是农会调查，农活的多少也很难每天都记录在案以便调查清楚，这引发了很大的争议。虽然说雇工数量的多少并不能绝对表明剥削量的多少，但是只有实行便于农民理解和执行的变通政策，才能使土地改革运动进行得更加顺利。可见，理论规定是一回事，实践贯彻中则是另一回事。关于划分阶级成分标准的规定在西南江北县实践中的贯彻情况如何呢？笔者想力所能及地从已有的档案材料出发略做分析。

（一）阶级成分划分的过程

1. 发动教育群众，学习划分标准

农民是划分阶级成分的主体力量。农民思想觉悟的高低直接影响划分阶级成分工作的正确与否。为此，必须充分发动群众并大量宣传相关政策法令，使农民尽可能懂得划分阶级成分的意义所在并学习掌握划分阶级成分的标准。各地积极地发动、组织农民认真学习相关政策法令，有的还创造性地采用了一些很好的办法，取得了较好的效果。但是，同时必须看到在这个过程中存在一个很大的缺陷，即因为时间太仓促，有些地方的工作做得不够，宣讲效果不好，直接影响了后面的工作。

2. 召开农代会，学习划分阶级成分

比如，江北县第五区召开了四期农代会。首先是在党团员大会上进行动员，和群众打成一片、生活在一起，发扬民主，对其进行启发引导，防止包办代替，采取了大会报告（由区长报告如何划分农村阶级成分，说明此次来区学习的农民必须具备哪些条件）、小组讨论（由于其提纲通俗，以漫谈方式进行，很适合农民的口味，这种形式的效果也较好）等形式，并结合区农协正式委员彭北中的个案对学员进行教育。学习内容除了目前形势与时事、减租退押反霸、农协组织通则、组织地方武装外，另一个很重要的内容就是学习怎样划分阶级成分。划分阶级成分的学习主要是在大会上由徐区长报告如何划分农村阶级成分。说明此次来区学习的农民必须具备哪些条件，并搜集区农协正式委员彭北中贪污腐化、立场不稳的具体材料，并进行揭发：为做生日老百姓送钱30万元，送米600多斤，共办15席。送礼的有乡长、保长、地主、农民会员。在场上到处吃酒，还□烟，帮地主打条子，收租退佃。讨论提纲如下：什么是地主、富农、中农、贫农？你个人干过什么，是否做过保甲长，或是地主、富农，应坦白地说。像彭北中这样的人是否行，对大家有好处或坏处，来学习的人中是否有彭北中这样的人？大家提了很多意见，石鞋周炳华说，彭北中立场不稳，跟地主一心，帮地主朱明高打条子，抽回自己种的田10石，又替地主朱照隆打条子，到佃户□炳章担租谷9次，又吃他人酒，还帮地主讲话，非要叫他在大会上检讨，经研究做出决议：撤销彭北中的职务。在讨论中，又得出不够条件的5个人：杨金庭当过乡丁多年，曾当副保长；彭建之是甲长；朱治轩是甲长；周清云是保长；黄超能是副保长。大会上动员他们回家，并进行了教育，叫他们回去，并保证不要搞破坏。[1]

3. 遵循三大步骤划分阶级成分

西南地区划分阶级成分工作的具体开展主要采取两种策略：一是注意借鉴参照其他地区的经验；二是积极地从实践中摸索总结。如西南地区参照其他地区的经验做法[2]，将划分阶级成分步骤分为：讲阶级（结合讲各阶级的待遇来宣传政策，进一步提高农民阶级觉悟，号召中贫农团结、消灭地主阶级）、评阶级（农民自报互议，地主申报，在乡农民代表大会上或农民大会评定）、通过阶级（农民由村民大会通过，地主由乡民大会通过，出一次到三次榜）、批准阶级（由乡农会和乡政府批准）。

（二）划分阶级成分的方法

1. 自报公议方式确定成分

很多地区划分阶级时采用的方式是自报公议。在乡人民政府领导下，先由村民根据政策自己报阶级成分，然后召开村民大会集体讨论，讨论结果要通过三榜公示，前两榜公示后可以进行调整，最后一榜的结果要报请区人民政府批准。如果有村民不服批准的结果，可以向县人民法庭提出申诉，经县人民法庭判决执行。

---

[1] 《江北县第五区委第二期农训班总结》，江北县档案馆藏档，全宗号：1，目录号：1，案卷号：4。

[2] 中共川东区党委：《川东涪陵、万县土改典型试验中关于划分阶级成分的经验》（重庆档案馆藏档，全宗号：D类《划分农村阶级成分手册》，目录号：65，案卷号：5。）开宗明义地说道："划分阶级的过程，基本上采用了华东的经验。"这表明西南很多地区在划分阶级成分问题上对华东经验的参照。此外，我们在西南地区查找土地改革档案时也发现了河南、湖南、山东等地划分阶级成分的总结材料，也可以视为作为土地改革较晚的西南各地转发外地已有经验指导本地的划分阶级成分工作的一个间接证据。

2. 开会讨论决定成分

在划分阶级时，首先要通过各种会议，使农民学会如何划分农村阶级，讲解怎样划和根据什么来划的道理，把政策及各阶层间的区别标准详细地交代给群众，使他们免除思想上的顾虑，集中火力打击敌人。根据静观乡划分阶级时群众的思想顾虑可看出：佃中农愿评为贫农，贫民也要求评为贫农，他们认为中农要出田，只有贫农才能分得头田，小土地出租者又怕与地主一样被对待，而雇贫农则想抬高别人的成分，以多分一些田土和农具，这些顾虑和不正确的想法，如果不事先打破，是十分不好的。❶ 在学习中边学边划，划出标准让干部积极分子学习掌握，群众学习好后，即召开大会，先划出地主或一切明确好划的阶层，然后细划其他不明确的人，最后以自报公议的方式划农民。

3. 通过农民协会划定

六保阶级成分的确定，是由农会小组讨论定出，工作组研究同意，在农民大会上通过。各小组所定之成分，90%是对的，原因是一般农民对划分阶级成分都有了较长时期的学习，并结合实际，反复进行过研究，但也有个别人成分确定后不同意，又拿到小组上重新讨论，划分阶级对农民也是很大的教育，明确了敌我，找出了斗争对象，打下了斗争的基础。❷

（三）划分阶级成分的顺序

不同村庄对如何划分各种不同阶级成分的进路有不同的做法，很多地方在实践中结合自己的实际情况采取了不同的策略，有的是采用先划地主富农后划贫雇农的进路，有的村先划地富后划中贫，有的村采用先划农民内部再划地主富农的进路，即先划贫农再划地富。几种顺序都有优点，如果先划地主富农能够激发广大群众的斗争意识，如果先划贫农则有利于激发群众参与的积极性，具体采用哪种顺序要看哪种顺序更能发动群众。确定地主成分是非常慎重的，必须仔细反复讲成分明显的先划，不明显的留着以后通过请示上级批准再划。在思想上一定要再三强调同封建势力进行尖锐斗争、不能放松，否则很容易变

---

❶ 《江北县大后乡土改工作汇报》，江北县档案馆藏档，全宗号：180，目录号：1，案卷号：6。

❷ 《江北县第一区鸳鸯乡第六保减租退押材料》，江北县档案馆藏档，全宗号：180，目录号：1，案卷号：7。

成和平土改现象。[1] 大会上，若由地主本人自报地主成分，群众听他这样一说，就不再斗，心想他本人都承认是地主了，又何必再斗，斗争情绪减低，所以干部认为应在大家斗了以后再问他，看他是否承认，这样较为妥当。通过地主不要连着通过，包括富农及小量出租者在内。在划富农时，自富农容易，佃富农不能等同于富农的剥削。一般的标准是出租大量土地，年雇工两个以上或兼放债，皆可称佃富农。划分前要着重打通思想，他们都想划成佃中农。在划贫雇农时，领导思想上以为内部好划，没有认识到处理农民内部问题时，若在原则上放松会让内部纷争不断。如八村龙树槐本来是职员，大会通过时有人说解放前他给地主徐朱民当过管家，应该划成地主，最后得到一致通过。

总的来说，江北县顺利完成划分阶级成分的任务，大多数情况下能够执行中央及西南地区的相关规定，但与此同时也出现了一些偏差和问题。从江北县土地改革实践看，划阶级成分是土地改革执行政策中出问题最多的一个环节。个别地方的错划现象严重，有的甚至进行过两遍或三遍重划阶级成分，而每次划分结果都不同，在纠正错划的过程中甚至还出现了新的偏差。这些情况充分表明了错划痼疾之难以清除，错划似乎是一个避不开的问题。实际上，错划问题由来已久。[2] 在新中国成立初期土地改革运动中错划问题依然存在，各地土

---

[1] 《江北县大后乡土改工作汇报》，江北县档案馆藏档，全宗号：180，目录号：1，案卷号：6。

[2] 早在革命根据地时期就发生过大量错划阶级成分的问题。对此，一个明显的例证是任弼时同志在1948年1月12日西北野战军前线委员会扩大会议上的讲话《土地改革中的几个问题》中的第1节《根据什么标准来划分农村阶级》，其中说道："现在举一个晋绥的材料来说明这种危险性的严重。据晋绥分局上月讲到纠正兴县蔡家崖行政村定成分中的错误时说：全蔡家崖行政村（缺岔儿上自然村）共552户，评定为地主富农的有124户，占总户数的22.46%。据一般的估计，在旧政权下农村中平均地主占总户数约为3%，富农约为5%，合计地主富农共约占8%的户数，10%的人数。老解放区内，很多地主及旧富农已经变化，变为其他成分，地主富农的户数应该少于8%，而蔡家崖地主富农的户数则比8%还要多出将近2倍。后来分局按照1933年《怎样分析阶级》及《土地斗争中一些问题的决定》两个文件的原则经过农民代表委员会重新评定的结果，认为124户中，可将破产及下坡地主11户，生产富农20户，共31户改定为富裕中农或中农。这样则地主富农可减为93户，占全户数16.84%。后又把时间的标准从1937年缩短到1940年来评定，则全蔡家崖（连岔儿上共579户）地主富农可降为71户，还占总户数的12.26%。如果按地主劳动5年，富农停止剥削3年者均以农民成分计算，则地主富农的户数应当还要少些。"而且任弼时还进一步指出："我提出兴县蔡家崖划错阶级成分的问题，只是当作一个例子来说，在晋绥其他乡村，在华北、华东、华中、东北及西北的陕甘宁边区，如像蔡家崖那样定错阶级成分的，或是差不多那样的，肯定地说必定不少。"（参见《解放战争时期土地改革文件选辑》，中央档案馆编，中共中央党校出版社1981年版，第104－108页。）

地改革总结报告以及部分学者的研究论著中都有提及。[1] 按说，西南地区土地改革进行得较晚，可以直接借鉴其他地区现成的经验教训，似乎应做得更好些。但是实际情况又如何呢？通过对档案材料的梳理，笔者发现在实践中还是出现了不少的偏差。下面略做说明。

（四）划分阶级成分实践中的偏差

划分阶级虽然经过层层讨论和审查，但是有的还是存在偏差，“有提高成分的情况，多划地主，少划贫农”，之所以会有提高成分的现象是因为多划地主富农，“可以多分地和粮”。另外，还有一些小土地出租者很容易被划为地主富农，一方面他们雇工种地，容易被人误解为地主，另一方面在估算剥削量时容易出现偏差，“土地出租者划为地主，拿雇工与富农比劳动的强度，结果都是富农没有雇工做活多，即视为附带劳动，定为地主”。如九村在划阶级成

---

[1] 《松江专区新农、五龙、城东三个乡土地改革与典型试验工作的基本总结》具体举例说明了被错划为地主的状况；《无锡县坊前乡土地改革典型试验工作的初步总结》中提到：划分阶级成分，历时13天先划内部，急于求成，结果走了3天弯路。有些地方发生了多定中农成分或多定贫农成分现象，有些户到现在还未能解决；《无锡县土地改革工作的基本总结》中提到：划地主时曾发生过一些偏差，存在漏划和错划阶级成分现象；《苏州专区土地改革工作的初步总结》中提到：对错划阶级成分问题，各地虽已引起重视，做了初步检查并部分的确做到纠正，但仍应结合春耕生产，做普遍深入检查，抓紧改正错划成分，以免影响春耕生产；《镇江专区十一个乡土地改革与典型试验情况的报告》提到：划分阶级成分中，偏向或未弄清的问题是工商业家在农村有自耕土地时，个别乡竟分开划阶级。个别对外乡出租土地者，一律划为地主。关于错划种类，各地既有自己的个性，也有一些共性的问题。从湖南地区划分阶级中的偏向看，主要是提高成分（也有降低成分的但不是主要的），有不少村划的地主、富农及中农较多。提高成分有如下一些情况：①提高为地主的多半是把富农的主要劳动硬算为附加劳动，把小土地出租者算为地主，或把游民、道士评定为地主。把剥削收入超过劳动收入1倍以上的划为地主，把剥削收入占总收入50%以上的划为地主。把高利贷故意多算。有的把老苏区的军烈属，由于子弟参加革命牺牲了，失去了劳动力，也划为地主。②提高为富农的多半是把总收入算多了，把剥削收入算大了。把高利贷收入算多，把雇工剥削收入及租课多加计算。把劳动力一个算半个。有的把解放前3年的剥削收入加到一起去与总收入比。③提高为中农的，多半是不把剥削与被剥削抵消计算而斤斤计较少许放贷，只按生活去评，或只按田亩去评。有的只按解放后的情况去评。有的甚至在农民内部比，剥削少的一塌糊涂，不但没有通过划阶级加强农民内部的团结，反而影响了团结。划分阶级的结果，溧阳成西乡50户地主中有30户不合标准，丁埠区吴侨乡43户地主中有20户不够标准。有很多被错划的群众不服，进行申诉。松江周浦陆练才，因为被划错成分进行申诉而入狱，全家集体自杀，只有陆妻被救，弄得家破人亡。据对苏南74个乡的统计，有205件申诉案件，其中地主14件（内有90%是为了不服而上诉的，工商业家5件，小土地出租者9件，农民23件，其他1件。鉴于这种情况，中共苏南区委于1951年1月28日下发了《关于纠正错划阶级成分的指示》，要求各乡对于错划的必须不怕麻烦，绝对负责地加以改正。（参见：中共苏南土地改革委员会：《苏南土地改革资料集》重庆市档案馆藏档，全宗号：《苏南土地改革资料集》，目录号：1，案卷号：83。）

分时领导思想很模糊，对查封对象不够慎重，如对徐有功等三户三四百石的大地主不进行查封，后经了解，才纠正偏向。[1]

此外，出现偏差的另外一个原因是部分干部单纯的任务观点，有的同志没真正领会到土地改革工作是要彻底消灭封建势力，因此有少部分同志有单纯的任务观点，及单纯的分田思想以至于影响了工作，并在这次组长会议上提出发动雇贫农的程度为测量土地改革和平不和平的条件和标准之一，这样各乡在进行充分发动雇贫农的工作至划阶级定成分时发生了两个主要的偏向：一是唯政治论。如大树村曹运熙，因过去欺压人民太多，群众对他特别愤恨，其实可以评为中农，但给评成地主，群众的反映是给他评上个地主好整他；二是谁的生活好些，成分就要评得高一些。比如本应该是中农的，但其吃穿用住方面都很好，就给他评成富农等。为了切实地掌握多数，打击少数，特决定每村在划好成分后必造册上报核准，以避免类似偏向的发生。[2]

（五）偏差的纠正

《土地改革法》为个人申诉预留了空间。正如其第 31 条规定：“应依据中央人民政府颁布的划分农村阶级成分的决定，按自报公议方法，由乡村农民大会、农民代表会，在乡村人民政府领导下民主评定之。其本人未参加农民协会者，亦应邀集到会参加评定，并允许其申辩。评定后，由乡村人民政府报请区人民政府批准。本人或其他人如有不同意见，得于批准后十五日内向县人民法庭提出申诉，经县人民法庭判决执行。”按照这一规定，个人申诉成为个人因不认可自身阶级成分而进行自我救济的一条通道。但由于立场及利益的不同，在实践中个人申诉常常被滥用。对自己成分不满的人希望通过申诉降低自己的成分，而作为对立面的其他社会阶层往往不会轻易答应。因此，个人申诉案件中常常伴随着各方围绕着决定阶级成分的客观事实与制度规定产生激烈争执。

针对很多地方存在的错划问题，中共中央多次强调有错必纠，“已经定错

---

[1] 《江北县第一区鸳鸯乡第六保减租退押材料》，江北县档案馆藏档，全宗号：180，目录号：1，案卷号：7。

[2] 《江北县两路乡土改初步总结报告》，江北县档案馆藏档，全宗号：1，目录号：1，案卷号：10。

的，必须重定”[1]。中央曾将上述华东局和浙江省委就纠正海盐县横港乡的错划问题发布《关于划分阶级的指示》[2] 并转发各地，要求各地坚决纠正错划阶级问题。上述中央及其他大区相关指示和经验教训总结被西南局广泛转发，要求各地参照。西南各级领导机关都十分重视对错划问题的检查工作。一旦发现某地存在错划现象，上级领导就会介入，要求重新核查和认定该地阶级成分划分情况。在对划分成分进行复核时，一般都严格按中央规定对照检查，发现有错误的，坚决进行整改。而整改措施常常是再拿出中央文件对照之，按照中央的规定，改正错误。

三、小结：阶级成分划分的人为建构性及其对乡村社会的影响

划分阶级成分意味着颠覆原有的社会结构和确立乡村中新的等级秩序，因此必将极大地影响和改变着乡村社会中每一个成员的前途命运。从理论层面看，新中国成立初期土地改革运动中很多政策法令制定的完备与精细程度超出令人的想象，又有从上到下强大的政府强制力量的推动，按说这些政策法令应该能够在实践中得到较好的执行。但实际情况似乎并非如此简单。理论规定固有的抽象有限性，决定了其难以完全满足社会实践复杂多样性的需要。而且中

---

[1] 任弼时：“土地改革中的几个问题”，《解放战争时期土地改革文件选辑》，中央档案馆编，中共中央党校出版社 1981 年版，第 104－108 页。

[2] 从以下浙江省海盐县横港乡错划问题的调查报告及从浙江省到华北局到中央对坚决纠正错划问题的层层指示中，我们可以看到各级领导对错划问题都十分重视，并坚决纠正。在《浙江省委关于划分阶级的指示》中，浙江省委首先简述了海盐县横港乡的错划情况，接下来分析错划的原因，最后反复强调要坚决纠正：“上述严重现象，应引起各级领导严重注意，深入检查，严格遵守中央人民政府政务院关于划分农村阶级成分的决定，并督促干部认真学习。凡在划阶级中模糊不清的问题，必须向上请示报告，乡不能决定的向区报告，区不能决定的向县报告，直到省，一直弄清为止。”华东局对此做出进一步批示：“一月十三日报告悉，你们坚决纠正错划阶级的现象是对的，并已将来文转发各地参照执行。各地党委亦须反复教育干部，在划分阶级时，必须遵照政务院的决定，实事求是地进行，既不应包庇偏袒地主，将地主划成为非地主，也不许将富农、小土地出租者任意提升划作地主。这种不遵照政府决定任意提升阶级的办法，不但是无政府无纪律的错误行动，而且这种错误行动必将使土改阵营搅乱，必将造成打击富农、伤害小土地出租者和侵犯中农的恶果，必将使雇贫农陷于孤立，使我党陷于被动。因此，这种任意提升阶级的倾向是绝对错误的，是绝对不许可的，是绝对要立即停止的。各地不但应当加紧检查，经常告诫干部，绝对不许再犯提升阶级的错误；而且对已经被错划阶级的人，应当负责加以改正。今后对凡是界限不明难于划分的人，应当向上级请示解决，在未得上级指示之前，应暂放在一边，免划错。”（参见中共中央西南局政策研究室：《浙江省委关于划分阶级的指示》，重庆档案馆藏档，全宗号：D 类《划分农村阶级成分手册》，目录号：65，案卷号：5。）

央到西南各地规范文件中划分阶级的尺度与标准的烦琐复杂性，也使得干部、群众在实践中对其准确掌握和运用的难度极大，这在无意中增大了干部权力干预和群众曲解滥用的空间。而运动中有一些基层干部领导不力，工作中有急于求成、潦草行事的官僚作风，直接导致了实践中错划问题的大量出现。此外，群众的自私和情绪化倾向也会造成工作失误。乡村社会的各个阶级成员普遍都十分关注这一重大变迁事件，并有着自己的利益考量。从划分的过程中可以看出各阶层都想“下降一级”，特别是地主、富农“降级”要求更迫切。具体而言，地主用各种方法想摆脱地主帽子，有的事前就收买落后村干、群众为其代说好话。富农想降低成分，隐瞒剥削量。中农认为贫雇农光荣点，又可分田分果实，想当贫农，只要有借口就争取一番。贫雇农一般对成分无大争执，个别贫农想划雇农，其他成分愿当农民。❶

另外，阶级划分改变了农村社会原来的权势结构，因涉及面太广，会受到来自乡村社会文化、历史及现实因素的冲击，也会受到个人恩怨、群众高亢激烈情绪等的干扰，极易使得形式上完备的阶级成分划分标准在实践中发生“位移”或偏差。阶级成分错划的更深层的原因蕴含在阶级成分划分本身的内在悖论中，即理论的抽象有限性与社会实践的复杂多样性间的矛盾。尽管当时阶级成分划分的政策法令相当详尽甚至繁杂，但仍有相当一部分的西南江北县土改档案显示了在面对复杂多样的社会实践时某些制度条文的空乏无力。以地主、富农、贫农等这些抽象的范畴对现实社会的人进行归类，这种化约本身很可能是一种人为的简化。因此这种阶级分类体系可能不够周延，不能完全囊括实际存在的各种情形，并与现实社会相脱节。毕竟在短时间内要将偌大一个国家里占人口绝大多数的农村群众按照某种尺度和标准划分为不同的阶级，其难度是可以想象的。

分析起来，土地改革中阶级成分的划分并非是基于自然、历史的传统，而是带有某种人为的建构性和象征性。作为外来力量进入乡村的共产党通过土地改革中阶级成分划分以生产关系（“剥削”是其中最核心的问题）为基本标准对乡村社会成员进行分类，对乡村社会关系进行了“重构”。以阶级划分和阶级对立为核心的新型社会关系，并非乡村社会所固有的。经过土地改革的阶级

❶ 中共永安地委土改工作队：《永安乡划阶级总结报告》，贵州省档案馆藏档，全宗号：6，目录号：1，案卷号：20。

斗争，乡村社会出现了焕然一新的阶级形势，地主作为一个阶级被消灭，富农和贫雇农的数量也发生了较大的变化，中农的数量极大地增长并出现了分化。通过道德色彩浓厚的经济挖根，阶级成分划分被人为地建造出来。共产党人把阶级划分当作改造农村的出发点，他们成功地摧毁了共产主义以前精英的社会和经济基础，改变了农村社会原来的权势结构、阶级地位以及人民对身份地位的认知和评价。

这种阶级成分划分对乡村社会传统文化产生了深远的影响。“外部输入的东西与传统的东西”两者之间存在着张力，这“两者的碰撞冲突、融合、转化、消长”[1]，正是当时西南农村的真实场景。费孝通将中国农村的特征表述为“差序格局”，在这种“差序格局”中，人们之间社会关系的远近、亲疏受到血缘和地缘，尤其是血缘的影响。农民们把自己穷的原因，或归为命运，或归为祖上，或归为战乱，或归为人多。这些看法与共产党所强调的因地主的剥削、压迫而致农民贫穷的因果链之间有较大的差距。长期处在小农经济条件下的农民，他们习惯于区分穷人和富人、好人和坏人，他们不可能区分出阶级，更不可能具有阶级的自觉性。[2] 因此，运动一开始，很多农民不愿进行阶级斗争，有些农民认为地主也是有良心的，不都是坏的，也有行善积德的好人，因此不应该无缘无故地抢夺人家的土地。有些农民则是因为害怕将来“变天”被报复而不敢起来斗争。

应该说，农村阶级成分划分同时具有变与不变的双重特征：一方面，接连不断的群众运动总是伴随着对村社成员阶级成分的重新审查和改定，而且这种群众运动中的阶级划分往往具有主观性和随意性；另一方面，每个人所属的阶级成分（尤其是在阶级等级体系中居于底层的地主和富农）一旦确定，就会对本人及其家属的命运产生决定性作用，且将伴随终身并为后代所继承。这种蕴涵着广泛的政治和社会意味的“身份”通过男性血统带给妻子和子孙。那些被划为地主和富农的人及其儿孙们在以后很长的时间里都遭受着各种歧视和苦难的折磨。那些阶级成分低微的贫农或雇农，则获得了很高的政治和社会地位。

土地改革结束后，乡村社会很快出现了新的阶级分化，新富农数量不断增加，中共开始重新强调农村中的阶级矛盾和路线斗争，对地主、富农转变成分

---

[1] 张乐天：《告别理想：人民公社制度研究》，东方出版中心1998年版，第6页。

[2] 张乐天：《告别理想：人民公社制度研究》，东方出版中心1998年版，第45页。

的态度也变得更谨慎、更严格。为了保持和巩固国家对乡村社会的控制与治理，在土地改革运动中建立起来的阶级分类体系必须长期保存。这就是为什么历次群众运动既要以消灭剥削阶级为号召，又要不断挖掘出各种各样“现行的”“化形的”“潜在的”剥削阶级分子来赋予运动以合法性。在集体化、大跃进、人民公社、四清乃至“文革”等群众运动中，地主、富农、反革命分子将会一次又一次以阶级敌人的身份出现在村庄政治舞台上，充当村民怨气的发泄对象、革命偏差的归罪对象和群众运动的斗争对象。从某种意义上说，正是这个人数比例极小的政治贱民群体，支撑起了从中央政权到乡村民众的庞大统治体系。

第六章　地权变动的最终实现：土地及其他资料的重新分配

土地改革是一场激烈的战争。要打倒在农村中有长期统治历史和经验的地主阶级绝不是轻而易举的事情。新中国成立初期的地权变动是作为外来者的共产党进入村庄，并对村庄的固有结构和资源进行重新安排的过程。首要的是将地主集团占有的土地收编，其方式不外是两种：即无偿剥夺[1]和有偿收购。问题的焦点在于共产党一贯承诺要满足农民的土地要求，但在没有现成可分配的土地，亦拿不出赎买地主土地的资金的情况下，似乎也只能采取剥夺一部分人的土地给另一部分人的办法。中国共产党也曾有过征购地主土地的打算，[2] 但

---

[1] “封建”土地关系严重束缚了中国农业的发展。“农民受到地主的剥削，一半以上的劳动成果为地主拿去，自己剩了一点点，也许连维持生活都不够，更没有兴趣去改进生产了，在封建的土地关系下，改进生产的结果往往是地主得利，农民花钱出力，结果是白忙一场。”当时一些学者根据自己对当地经济发展状况的了解，并不赞同这种变革。他们发表了“江南无封建”的看法，其中最突出的代表是农学家董时进。1950 年，董时进给毛泽东写了一封公开信，标题是《董时进上毛主席书》，自费铅印，四处散发，提出“江南无封建”论，不赞成在江南进行土地改革，受到当时学界的批评。比如，董时进反对土地改革，他的根据是：“旧中国农村土地是自由买卖的，租佃关系是一种自由契约，所以它不是封建性质的土地制度，因此就不应该进行土地改革。”“土地改革把土地分散了，经营不利。”“土地改革，由于失却了地主富农的累进负担而国家税收将受到损失。”（参见《关于董时进上书反对土地改革问题》，《观察》第 6 卷第 12 期，1950. 4. 1）

[2] 1946 年 7 月 19 日，《中共中央关于研究答复制定土地政策中的几个重要问题的指示》（载中央档案馆编：《解放战争时期土地改革文件选辑》，中共中央党校出版社 1981 年版，第 15 – 18 页）明确提出：“地主土地超过一定数额者由政府以法令征购之。”“征购办法，有政府发行土地公债，交付地主地价，分十年还本，公债基金或者由得到土地的农民担负一部分，农民每年向政府交付一定数量的地价，分为十年至二十年交清，另一部分由政府在自己的收入中调剂，或者根本不要农民出地价，由政府在整个财政税收中调剂。”另外，根据《杜润生自述：中国农村体制变革重大决策纪实》（人民出版社 2005 年版，第 18 页）的说法：“1946 年下半年，中共中央曾打算征购地主土地，还主张除少数反动分子外，应对一切地主采取缓和态度。”1946 年 8 月 30 日东北局给中央的电报中说：“为使无地少地农民直接地无代价地获得土地，以创造初步根据地，如果中央以‘发行土地公债征购地主多余土地的办法’公开发布，则我们提议在东北可在实际上推迟一个时期执行。这个意见也曾被中央认为完全正确。新中国成立后，对于土地改革，摆在我们面前曾有这样两种选择，一个是有偿征购，一个是无偿没收。最后选择了没收政策，这是因为中共共产党的土地改革，既是作为一项经济制度的改革，又是作为推进政治变革的一场阶级斗争。”对这一问题的探讨还可以参见沙柳：“中国共产党和平解决土地问题的尝试”，《中南财经大学学报》1996 年第 5 期。

未曾真正付诸实施。新中国成立初期的土地改革最终选择了以无偿剥夺为获得土地的唯一手段，但也采取分给地主一份土地以及有限制地征收富农土地等缓和矛盾的策略。

一、土地及其他资源重新分配的制度建设

（一）江北县土地及其他资源重新分配的制度环境

土地及其他资源的重新分配无疑是土地改革中最核心的一步。为了更好地指导实践工作，中央及西南地区进行了一系列的制度建设，这些都成为江北县开展土地及其他资源重新分配工作应当遵守的制度规定，主要内容如表 6－1 所示。

表 6－1　江北县土地及其他资源重新分配应遵循的制度规定

序号	颁行主体	颁行时间	文件名称
1	政务院	1950 年 6 月 30 日	《土地改革法》
2	政务院	1950 年 11 月 10 日	《城市郊区土地改革条例》
3	政务院	1951 年 2 月 10 日	《土地改革中对华侨土地财产的处理条例》❶
4	政务院	1951 年 3 月 14 日	《关于土地房产所有证收费的决定》❷
5	政务院	1950 年 5 月 16 日	《政务院发布关于全国林业工作的指示》❸
6	西南局	1951 年 12 月 8 日	《西南地区土地改革中山林处理办法》❹
7	西南军政委员会	1950 年 12 月 16 日	《关于制颁处理地主林木采伐原则的命令》❺
8	西南军政委员会	1951 年 6 月 27 日	《关于在土地改革中解决公营工厂用地的指示》❻
9	西南军政委员会	1952 年 12 月 19 日	《西南军政委员会关于颁发土地证工作的指示》❼
10	西南局	1951 年 7 月 25 日	《西南局对判处徒刑的犯人分配土地的意见》❽

❶ 重庆市档案馆藏档，全宗号：D 类《西南政报》，目录号：642，案卷号：6。
❷ 重庆市档案馆藏档，全宗号：D 类《西南政报》，目录号：642，案卷号：6。
❸ 重庆市档案馆藏档，全宗号：D 类《农村工作》，目录号：708，案卷号：17。
❹ 重庆市档案馆藏档，全宗号：D 类《西南工作》，目录号：701，案卷号：50。
❺ 重庆市档案馆藏档，全宗号：D 类《农村工作》，目录号：708，案卷号：19。
❻ 重庆市档案馆藏档，全宗号：D 类《法令总编》，目录号：9209，案卷号：10。
❼ 重庆市档案馆藏档，全宗号：D 类《西南工作》，目录号：D699，案卷号：28。
❽ 中共西南军政委员会办公厅：《西南局对判处徒刑的犯人分配土地的意见》，贵州档案馆藏档，全宗号：126，目录号：1，案卷号：24。

续表

序号	颁行主体	颁行时间	文件名称
11	西南各行署或省委	不详	西南各地土地改革实施办法或补充规定中的相关规定
12	西南军政委员会	1951年6月19日	《关于纠正在土地改革中不遵照规定划留农场场地偏向的指示》❶
13	西南局	1951年12月8日	《西南地区土地改革中山林处理办法》❷

（二）土地及其他资源重新分配的具体规定

在中央，这些方面的规定主要体现在《土地改革法》《城市郊区土地改革条例》中。1950年6月30日出台的《土地改革法》花了很大的篇幅对此做出了详细的规定。总的原则是没收地主土地，保存富农经济，地主的其他财产不予没收。

就没收、征收对象及范围来看，没收土地的主要对象是地主。没收范围限于地主的土地、耕畜、农具、多余的粮食及其在农村中多余的房屋。地主的其他财产不予没收。对工商业者，实行保护原则。只能征收，且征收范围是工商业家在农村中的土地和原由农民居住的房屋，不得没收地主兼营的工商业及其直接用于经营工商业的土地和财产，不得因没收封建的土地财产而侵犯工商业。但其在农村中的其他财产和合法经营，应加保护，不得侵犯。对革命军人、烈士家属、工人、职员、自由职业者、小贩以及因从事其他职业或因缺乏劳动力而出租小量土地者，其每人平均所有土地数量不超过当地每人平均土地数量200%者（如当地每人平均土地为2亩，本户每人平均土地不超过4亩者），均保留不动。超过此标准者，得征收其超过部分的土地。如该项土地确系以其本人劳动所得购买者，或系鳏、寡、孤、独、残疾人等依靠该项土地为主者，其每人平均所有土地数量虽超过200%，亦得酌情予以照顾。对于富农，保护富农所有自耕和雇人耕种的土地及其他财产，不得侵犯。富农所有之出租的小量土地，亦予保留不动；但在某些特殊地区，经省以上人民政府批准，得征收其出租土地的一部分或全部。半地主式的富农出

❶ 重庆市档案馆藏档，全宗号：D类《法令总编》第2辑，目录号：9209，案卷号：10。

❷ 重庆市档案馆藏档，全宗号：D类《西南工作》，目录号：701，案卷号：50。

租大量土地，超过其自耕和雇人耕种的土地数量者，应征收其出租的土地。富农租入的土地应与其出租的土地相抵计算。对于中农，保护中农（包括富裕中农在内）的土地及其他财产，不得侵犯。另外，对于祠堂、庙宇、寺院、教堂、学校和团体在农村中的土地及其他公地，可征收，但要对依靠上述土地收入得以维持的学校、孤儿院、养老院、医院等事业由当地人民政府另筹解决经费的妥善办法。对清真寺所有的土地，在当地回民同意的前提下，得酌予保留。

就土地的分配原则与办法而言，所有没收和征收得来的土地和其他生产资料（除依法应收归国家所有者外）由乡农民协会接收。统一地、公平合理地分配给无地少地及缺乏其他生产资料的贫苦农民所有，对地主亦分给同样的一份，使地主也能依靠自己的劳动维持生活，并在劳动中改造自己；以乡或等于乡的行政村为单位分配土地。在原耕基础上，按土地数量、质量及其位置远近，用抽补调整方法按人口统一分配之。但区或县农民协会得在各乡或等于乡的各行政村之间，做某些必要的调剂。在地广人稀的地区，为便于耕种，亦得以乡以下的较小单位分配土地。乡与乡之间的交错土地，原属何乡农民耕种者，即划归该乡分配，遵循照顾原耕的分配原则。在原耕基础上分配土地时，原耕农民自有的土地不得抽出分配。原耕农民租入的土地抽出分配时，应给原耕农民以适当的照顾，应使原耕农民分得的土地（自有土地者连同其自有土地在内）适当地稍多于当地无地、少地农民在分得土地后所有的土地，以便使原耕农民持有相当于当地人均土地数的土地为原则。原耕农民租入土地之有田面权者，在抽动时，应给原耕者保留相当于当地田面权价格之土地。另外，对于只有一口人或两口人而有劳动力的贫苦农民、手工业工人、小贩、自由职业者及其家属、家居农村的烈士家属、人民解放军的指挥员、战斗员、荣誉军人、复员军人、人民政府和人民团体的工作人员及其家属、本人在外从事其他职业而家属居住在农村者、农村中的僧、尼、道士、教士及阿訇等无地少地人口实行特殊照顾；对于华侨所有的土地和房屋，应本着照顾侨胞利益的原则，由大行政区人民政府（军政委员会）或省人民政府依照本法的一般原则，另定适当办法处理之。

《城市郊区土地改革条例》也就城市郊区土地的没收、征收和分配问题进行了相应规定，补充并细化了《土地改革法》中的相关规定。比如，就没收地主的范围，《土地改革法》中规定：“没收地主在郊区的土地、耕畜、农具、多余的粮食及其在农村中多余的房屋。”《城市郊区土地改革条例》则进一步做了细化规定：“没收地主不直接使用于工商业的土地和多余房屋及其中的家具。地主在城区所有的房屋，一律不动；地主所有的直接使用于农业耕作或分散出租给农民喂养之耕畜，均予没收；地主所有的直接使用或出租给农民使用于农业生产之工具，均应没收；至于地主所有的其他副业或手工业生产工具等，则应保留，不予没收；地主在扣除了应减租粮、应交公粮及度过下季的口粮之后，所有的多余粮食，应予没收；除以上规定应予没收之财产外，地主的其他财产不予没收。”再如，在遵循《土地改革法》规定的“保护工商业，不得侵犯”原则的前提下，对工商业家在郊区的农业土地和荒地及原由农民居住的房屋，进行了分类规定：“工商业家本人或企业在郊区农村中经营、雇人种植并有相当投资及技术设备的农业土地，不加分配，仍由原经营人或原企业继续经营；工商业家租给农民耕种的土地或原由农民居住的房屋以及荒地，应予征收；工商业家在郊区中的其他财产和合法经营，如私人住宅、厂房、仓库以及在郊区中有利于生产的投资等，应予保护；工商业家在郊区中已开始建筑工厂的厂基，予以保留，但本办法公布前，尚未开始建厂之土地，应予征收。”又如，对于小土地出租者规定：“革命军人及烈士家属出租的小量土地，少许超过当地每人平均土地数200%的标准者可予照顾以奖有功；工人、贫苦职员、贫苦教师与贫苦自由职业者等出租之小量土地，不超过当地每人平均土地数200%者，不予征收。如其出租土地超过当地每人平均数百分之二百时，则应向其说明理由，采取协商办法，将其超过部分酌量征收；依靠出租小量土地为生的鳏、寡、孤、独、残疾人等，其每人平均所有土地数量不超过当地每人平均土地数200%者，不予征收。如其出租土地稍多于200%、生活确属困难者，得酌予保留。居住在城市中的贫苦鳏、寡、孤、独、残疾人等，在郊区中出租小量土地者，亦可享受同样待遇；开设小饭店、烧饼店、豆腐店者及小贩等在郊区中出租小量土地而本人生活确属困难者，得依照本条第二项之规定，予以照顾；小土地出租者出租给农民耕种的土地，如本人要求抽回自己耕种时，得经过双方协议抽回一部分或全部；高级职员及生活富裕的自由职业者，即使其个人系出身于地主家庭，并有较多的土地出租，对其本人在政治上不以地主论，但其出租的农业土地，仍需征收。如其自耕和雇人耕种的土地，少于当地每人平均数者，征收时得予保留连自耕土地在内相当于当地每人土地平均数的土地。”另外，还规定：“富农租入的土地，应与其出租的土地相抵计算。”“中农（包括富裕中农在内）、贫农、雇农在郊区的土地及其他财产，均予保护不动。”“对别无其他收入或其他收入甚少不足以维持生活的地主，也分配与农民同样的一份土地耕种使用，并配以必要的生产资料。”“祠堂、庙宇、寺院、教堂、学校和社团在郊区的农业土地和荒地及随同土地出租的房屋应予征收，其他财产不在征收之列”，等等。

对于土地的分配原则和办法，《城市郊区土地改革条例》规定：“分配土地时，得以乡（镇）或等于乡的行政村为单位，在原耕基础上，按田、土数量、质量及其位置远近，用抽补调整方法按人口统一分配之。但区或市农民专业人才得在各乡（镇）或各区之间，做某些必要的调剂。乡与乡之间的交错土地，原属何乡农民耕种者，即划归该乡分配。”“在原耕基础上分配土地时，原耕农民自有的土地不得抽出分配。原耕农民租入的土地抽出分配时，应给原耕农民以适当的照顾。应使原耕农民分得的土地（自有土地者连同其自有土地在内），适当地稍多于当地无地、少地农民在分配土地后所有的土地，以便使原耕农民保持相当于当地每人平均土地数的土地为原则。”

西南很多地方出台的土地改革实施办法或补充规定，在遵循了中央《土地改革法》相关规定的基础上，结合本地特点，进行细化或补充。篇幅所限，这里仅以川东区为例加以简要说明。比如，对于地主，《川东区土地改革实施办法》规定：“凡地主所有的土地及与土地相连之堰、塘、堤、渠和各种林木等均应没收分配。地主之坟场及坟场上之树木一律不动。但坟墓旁之大块土地及土地上之树木不在此列；没收分配地主土地时，地主家庭中有人常年参加主要农业劳动者，其自己劳动耕种部分的土地，在适当地加以抽补后，可在基本上予以保留；地主所有使用于农业耕作或以收取租金为目的分散出租给农民的耕畜，或与农民合养属于地主部分的耕畜，均应没收分配，耕畜饲料随耕畜没收。其主要用于运输业、手工业、作坊或系贩卖经营的牛、马、驴、骡等均不没收分配。其他家禽家畜如鸡、鸭、猪、羊等不属于耕畜范围；地主所有的直接使用或租借给农民使用于农业生产的工具，均应没收分配。但地主所有进步性的农业生产设备及碾米机、轧花机、织布机等副业和手工业生产工具，则应保留，不予没收。原属地主垄断水路之水碾，应没收后由农协会或当地人民政府管理之。碾磨可视需要分给得地较少的一户或数户农民，以资调剂；地主所有的粮食中扣除减租、退押、应交公粮及按当地农民生产水平留给全家至下季收获前所需口粮外，多余粮食均予没收分配。对其收租及雇人耕种所得的各种经济作物如烟叶、棉花、花生、麻、茶叶、橘子、柚子、甘蔗等均应折合主要粮食计算，随粮没收分配；地主在农村中所有不直接使用于工商业的多余房产及其中家具，均予没收分配。在分配地主房屋时，应在其住宅中留给与农民同样的一份，家具随房屋分配，由农会加以适当调整。地主为建筑房屋而非直接使用于工商业的砖、瓦、木、石等及其所有之地坝、小块菜地、牛栏、猪圈等，也应一并没收分配；地主在城市场镇及农村中所兼营的一切工商业，包括工厂、盐场、商店、行栈、作坊等，均应加以保护，不得没收分配。其用于经营工商业的各项建筑物及其占有的地基，以及资金、机器、工具、原料、产品、商品等均不得没收分配。但其种植工业原料的土地及收获物不在此限；川东区地主每户所有土地平均数，应以县为单位计算，呈请川东人民行政公署批准。有其他职业收入，同时占有和出租大量农业土地达此标准者，应依其主要收入决定其成分，称为其他成分兼地主，或地主兼其他成分。”

再如，对于富农的规定：“富农所有自耕或雇人耕种的土地及其他财产，均切实保护，不得侵犯。在征收半地主式富农的出租土地时，如其自耕和雇人耕种的土地在当地中农水平以下，应留给相当于当地一般中农平均数的土地。富农所有之小量出租土地，一般应予以保留，但在土地分配不足的情况下，即贫、雇农还不能分得当地每人平均土地数的80%左右的土地时，可呈请行署批准，分别征收该项出租土地之一部或全部。但须给原富农留足当地中农水平之土地；征收富农出租土地时，其与出租土地直接相关的塘、堤、坝及在出租土地上之房屋，也得随出租土地一并征收。”

又如，对于工商业家的规定：“工商业家在农村中的出租土地，应予征收分配；工商业家在农村中雇人耕种的土地，家中并无参加主要农业劳动者，其土地均予征收分配。但对其在乡以土地为主的人口，得酌情分给部分土地；工商业家本人或企业在农村中经营的使用机器耕种，或有其他进步设备的农业土地，应收归国有，不加分配，仍由原经营人或原企业继续经营；工商业家在农村中占有土地，如系完全自耕，或虽系雇人耕种，但家中有人参加主要农业劳动者，应根据其在农村的家庭人口、土地情况，按照划分农村阶级成分的决定，另定家庭社会成分，并按其成分待遇；工商业家在农村中随土地租给佃户居住而非用于工商业的房屋，应予征收分配，但厂房、仓库等房屋，以及在农村中的其他财产和合法经营，则应加保留，不得征收。其本户住宅，除留给其足够使用的房屋外，其余可取得本人同意后征收分配；工商业家已开始建筑工厂的场基，均予保留，不加分配，但本办法公布前，尚未开始建厂之土地，应予征收分配。”

还有，对于小土地出租者和类似小土地出租者的规定：“小土地出租者之土地数量标准，应以县为单位计算规定，呈请行署批准。超过此标准者，不得以小土地出租论。但所有土地虽在此标准以下，而有其他职业收入足以维持生活而有余者，其出租之土地，可酌情少留或不留；从事其他职业，其出租之土地数量超过小土地出租者之每户所有平均土地数量标准，但不到地主每户所有土地平均数量者，应以其职业决定成分，其职业收入足以维持生活者，土地可酌情征收分配；但其职业收入不足以维持生活时，可保留至当地每人土地平均数 200%；凡有劳动力而在农村用于其他职业（如铁匠、木匠、石匠、泥水匠、织布或作坊、手工工、小商业经营等），将自己小量土地（不超过小土地出租者每户平均数）雇人耕种者，对此项小量雇人耕种的土地，一般不应没收或征收。其本人应依其职业决定成分。但雇人耕种的土地是大量的（在小土地出租者每户平均数以上而又达不到当地地主土地每户平均数），可酌情征收其超出当地每人土地平均数之土地，其他财产不得侵犯。”

另外，还规定：“坚决保护中农之土地财产，不得侵犯，部分占有土地较少之贫苦中农，在当地条件许可的情形下，应酌情补给一部分土地。”关于分配土地的原则和办法，除遵循中央《土地改革法》的规定外，西南各地还结合本地实际，规定了一般非农业人口分配土地办法。以《川东区土地改革实施办法》为例，规定：“凡城市人口，一般不应在农村进行土地改革期间下乡分配土地。但在当地土地条件许可的情况下，城市失业者，贫苦的自由职业者，及其他贫民，自身能从事农业劳动、愿下乡耕种者，可按《土地改革法》第 13 条第 6 项所规定的失业工人回乡分配办法处理；凡场镇商贩，其商业收入足以维持生活者，不予分地；其商业收入不足以维持生活，能够并愿意从事农业劳动者，可分给一部分土地。失业贫民应与农民同样分得一份土地；场镇上从事农业经营为主，因其农业收入不足以维持生活而兼营小手工业或小商贩者，应与其他农民分得同样一份土地。”

二、土地及其他资源重新分配的具体实践

综上所述，从中央的《土地改革法》《城市郊区土地改革条例》到西南各地的土地改革实施办法或补充规定以及其他政策法令都对分配土地和其他资料的原则和办法做了尽可能明确详细的规定。那么，这些规定在实践中的贯彻情况如何呢？下面就以江北县的档案材料为例来加以探讨。

（一）土地及其他资源的分配实践

1. 分田的思想动员及政策宣传教育

江北县各地普遍进行了分田教育。农民中存在一定的落后思想，主要是希望自己光分好田、平均思想、想打乱平分、嫌麻烦、怕妨害发展生产、富村不愿帮穷村等。针对以上情况，各地进行了分田的思想动员及政策宣传教育，以启发动员和反复的教育打通农民的思想顾虑。比如，张关乡提出如下口号："天下农民要互让，富村帮穷村以达到大家齐翻身。""干部大公无私，农民团结互让。""目的在于有利生产，方法是民主协商，分配公平合理，结果让群众满意。"[1]再如，中兴乡召开了乡农协委员会、村农协委员会、小组长队长会和会员大会，主要是传达教育、前途教育，说明毛主席领导群众要农业变成工业，实现工业生产，群众才能有幸福日子。他们提出：新社会的人要有新的道德、新的学习、新的认识，"今天是大公无私，不要为了个人"，并要求村干部一定要与群众一道认真学习《土地改革法》《川东土改实施办法》《渡舟乡土改第四步璧山土改第四步的经验》等文件，加强与村干部的联系；并提出：学习应注意的是，土地出租照《土地改革法》第5条；半地主式富农和富农照《土地改革法》第6条；中农与地主富农共同买的土地应照比例分开处理；解放后地主富农以出卖、出典、赠送等各种方式分散土地一律无效，应计算没收和征收数在内，但必须照顾原耕损失由卖主赔还；祠堂庙宇团体之土地按《土地改革法》第3条处理；解放后开的荒不计算在土地改革分配土地数内；

[1] 中共江北县委：《江北县三区张关乡土改运动总结》，江北县档案馆藏档，全宗号：249，目录号：1，案卷号：1。

数目一定要统计好。[1] 又如，新湾村首先召开会员大会，进行思想发动，内容涉及土地改革的目的、分田的原则，并结合大会讨论题目：怎样才能分得公平合理，哪些人应该多分，哪些人应该少分，哪些人不应该分；明确了土地改革是变封建地主土地所有制为农民土地所有制，主要是消减封建势力，消减地主阶级，发展农村生产，解放农村生产力，因此不应在分的时候争多争好，并不是为了分田而分田的；明确了分田是在原耕基础上抽多补少，抽肥补瘦，劳动力多的应该多分，劳动少的应该少分，照顾生产、照顾生活，团结互让的原则下进行分配的；知道了分田要分得公平合理，大家才没有意见，大家才满意，要分得好就要大公无私，不要自私自利，应该多分的多分，应该少分的少分，应该照顾的要照顾，这样才能公平合理；雇贫农及单身汉要多分，鳏寡孤独老弱残属缺乏劳动力的应该多分以照顾其生活，必要时要请人或出租，不能劳动的地主、二流子应该少分；还分别召开各种会议（雇贫农、青年、妇女）针对不同的对象进行不同的教育，充分地进行酝酿讨论：雇贫农是当家人，要当好家、做好主人，就要分好田让大家没有意见，青年、妇女应回忆过去所处的地位环境、所过的生活，在今天应该在各种工作中起核心作用。[2]

2. 确立“缺多多分，缺少少分”的分配原则

“缺多多分”不提中农不分——分果实原来是群众自己的事。哪些人该分、哪些人不分、如何分的问题，群众会讨论的。梅溪乡新民村有些同志搞包办那一套，群众闹，后来由自己讨论，反分下去了。有些村的同志在下面提议中农不分，引起中农反对，这是不对的。真正按照“缺多多分”原则进行分配，既可满足贫佃要求，又能照顾个别中农，是成功的。[3] 分配时，首先决定好分配之果实户应为何等级，确定后再根据缺多多分、缺少少分原则，分配东西等级的确定与东西的分配主要是采取自报分议、小组讨论、大会通过后张榜公布，也有的采用连单办法即某一户确定好分什么东西后，将物品填入三连单，然后带着三连单去领东西（首先将没有果实的分类统计好，以做到心中

---

[1] 中共江北县委：《江北县三区张关乡土改运动总结》，江北县档案馆藏档，全宗号：249，目录号：1，案卷号：1。

[2] 中共江北县委：《新弯村分田工作总结》，江北县档案馆藏档，全宗号：246，目录号：1，案卷号：9。

[3] 《江北县第二区分委会土改总结》，江北县档案馆藏档，全宗号：1，目录号：1，案卷号：109。

有数），这样分时不乱又避免有漏洞产生。[1] 在江北县第八区中兴乡，首先进行特殊土地分配，但分配时首先让群众自己讨论，主要是分给雇贫农。在分配土地时，雇贫农分得不好的补给他们一点，不能平均每人都有，大家分配时不能争吵；在分配森林时，五百顷以上为国有，其余一律分配下去，果园三百株以上为村公有，公用的牧场和塘堰也为公用，地坝堂屋为公用，不能分给群众。其次，先处理家具，然后处理农具。在分配家具（仅指床、椅凳柜、碗和做饭的一些东西）时，优先分给雇贫农中新安家的单身汉，多余的再根据雇贫农的情况缺多者多补、缺少者少补。进行分配时，新安家的单身雇贫农根据情况可分全套或多分，反对每一个都要分一点，零星物品能够分给中农一点，也是必要的（除给小地主、开明人士、革命家属、民主人士留一点用外，其余的没收分配）。大地主的要先没收后再分给他，总之地主的家具农具均不能多于雇贫农，在分配农具时，主要是分给新得土地的雇贫农，但在减退中的剩余果实和斗争出的果实要一并折合成人民币（防止大吃大喝）以便投入生产。[2]

3. 分配土地的方法

在土地及其他资源的重新分配过程中，江北县基本遵循了中央及地方政策法令的一些原则性规定，如“原耕基础上分田，田土不一，产量看齐”“抽补调剂，肥瘦搭配，根据需要，照顾生产”“先抽后补，先拨后分，团结互让，大公无私”以及“自报公议，三榜定案”和“自上而下，由下而上，小组搭配，大会通过”等。有的地区还在遵照这些规定的基础上结合自己的特点创造了一些新做法。

在第一区，分配土地的办法如下：必须以乡为单位进行调整，但因工作进度不一致，不能等全乡评产结果出来后才进行，应根据 1950 年的调评产量，大体调整，数量差额不要过大，同时也要照顾到房屋的多少一起决定，交乡农代会讨论通过，这次村与村最□额不到五斗。在分配中有两种方法，一种是以人为单位评劳动力，分三级，据每村新得户的平均数，确定哪个等级分的数目；另一种是以户为单位，根据发展生产、照顾生活评等级。这两种分法基本相同，不过后者简便易行。在分配中必须向佃中农说明在原耕基础上抽

---

[1] 《江北县委关于土改工作进度与宗案工作情况报告》，江北档案馆藏档，全宗号：1，目录号：5，案卷号：1。

[2] 《江北县第八区中兴乡人民政府土改工作第五步工作计划》，江北县档案馆藏档，全宗号：212，目录号：2，案卷号：1。

补是佃贫农主动照顾他们，否则佃中农认为田土房屋是自己的。在具体分配中应根据各乡田土、人口房屋调剂好，先确定房屋后确定地段，以邻为单位，分别召开农民代表会议，进行民主协商，交代分配原则，在小组进行讨论后采取集体上坡划界，只要把这些准备工作做好了，一般只需三天或五天时间即可完成。❶

新湾村的具体做法如下：镇里将全镇分配土地进行调剂，求出每人平均分田为老量1.92石，召开新得户会议订立分田标准，并说明订立标准的意义，根据照顾生产、照顾生活的原则按劳动力多人口的和劳动力少人口的，来订出最高数与最低数，最后通过决议定出最高数为2.2石，最低数为1.5石，雇工分3石，不劳动的地主分1.2石到1.5石，特殊情况除外（如鳏寡孤独、老弱残废）；然后召开大会确定每户分的标准，进行动员，并分组（1队1组），根据自己的劳动、生产情况、人口多少，以自报公议的方式确定各组中每户应分的标准；各邻标准确定后，便进行核算，核算结果剩老量210石；队长组织审查各户标准是否符合标准，是否有照顾不到的，是否有应该多分的少评了、应该少分的评多了、应该照顾的没有照顾，逐户审查；标准审查合格后，重新复算，将剩余的土地按比例加7%，便出第一榜，大家没有意见后，便研究大分；召集干部会议研究大分如何分法，经干部研究决定：1、2、3邻一组，4、5邻各邻分有剩的，便给六邻又安置佃户及搬家户6、7、8邻一组，6、7邻都差，在8邻补30多石，9邻有多余的，专门做补充15、12、11、3组邻的差额，补充中心村调剂数10、11、12、13、14、15，共一个组来换邻的劳动，14邻除25石，把中农多的抽出来补15邻的差额，14邻的贫农应补进的，在下面的邻来进行，13邻差73石，在10邻来补12、11两邻，10邻来补剩余的，补给中心村调剂数以换邻，通过这种挤、挑、补的方式既能照顾原耕，又不是大搬家；雇工的安置，安家的佃户共19人，5邻2个（朱家堂），6邻2个（新湾）9邻3个，10邻2个，11邻1个，13邻6个，14邻3个；搬迁户共9户（15邻2户安在1邻）（13邻2户安在5邻、12邻2户安在5邻、11邻3户安在13邻）；大会决定出第二榜，大家没有意见后，各组须进行协商；对地主的处理，要看地主的大小和政治威风来决定是否留给其原住房，经研究决

❶ 《江北县第一区土地改革工作总结》，江北县档案馆藏档，全宗号：180，目录号：1，案卷号：5。

议，大地主 5 户搬家，9 户地主移至粉房和榨菜房，8 户小地主原房不动；各组进行协商，小组长和群众来讨论，如何补付？如何接受？把哪些给哪邻，照顾生产，照顾原耕，便于耕种商量好了便于补付；各邻召集群众在屋里试分进行搭配，那么抽出来哪几块，哪个时候补进，想哪个仍抽出来补哪个，通过大家并取得抽出补进双方的同意，全邻的户安置好了，房分准确了，大家没有意见，便进行换算插界；在换算插界时要收新得户应分的田土面积产量、房屋农具等用登记，以便将来填写土地所有证。[1]

在中兴乡，重新分配的过程如下：首先是召开小土地出租者和富农会议把他们应分田的人口、经过评议的产量数，对农民说明，再讨论对富裕的小土地出租者应征收多少（征收后自应由雇贫农讨论决定应保留多少，在分田以前，让他们先知道并取得其同意，然后进行思想教育，与地主的政治待遇不同，这样他们对土地改革会更加满意、更加拥护。地主的房屋多不用于自居或佃户均应由农会没收重新统一分配。分房产不根据人口，要根据父母、夫妻、姐妹等成年男女人口来分配。堂房公田不分配，多余房产由农会保管作为政府所有。公用场晒坝及堰塘也为公田，1% 由公家保留。农会、村政府办公室均未保管好，不应在分田数内。特殊土地分配即果园森林，按通知的原则标准处理，然后再进行自报公议，先确定数目后确定地段，先确定住房后确定土地，房子分配后再分配家具、农具、耕畜，经过数次会议，大家商议好如何分配，在大体确定后，就张榜公布，最后农民根据土地改革的目的，算出最高数和最低平均数，在原耕基础上抽多补少、抽肥补瘦，照顾水路，以八村为单位讨论出每户应得的数目及坐落，在分田的时候要掌握先严后宽，以备分后不够，引起群众不满。只要在满足贫雇农原耕基础上遵循便于耕种、有利生产的原则，其他都应放手让群众去讨论解决。分田应按照发展生产原则，解放农村生产力。因此，地主、二流子等一般分得最低数，但如地主本身有劳动力，自己劳动，也可多分，贫农一般分得了平均数，雇农中的单身汉一般分得了双份（同乐有 2 人），原耕农民一般在新得户的平均数以上，适当满足贫雇农要求。[2]

同乐村、普福村在分配斗争果实时，注意坚决贯彻群众路线，充分发扬民

---

[1] 《新弯村分田工作总结》，重庆江北县档案馆藏档，全宗号：246，目录号：1，案卷号：9。

[2] 中共江北县委：《江北县第八区中兴乡土改工作第四步计划》，重庆江北县档案馆藏档，全宗号：212，目录号：1，案卷号：2。

主。分配方法上，首先召开了全乡雇贫农代表会、农代会，详细讨论当地没收斗争果实的情况和具体分配办法，经区批准后，分别派人到各村召开群众大会，进行宣传解释，广泛发扬民主，先由群众分组自报，并将各组群众的意见与要求集中起来，然后再召开全村或全乡群众大会，进行公议，民主评定，经多数群众通过后实行分配，在分配后，应将所分配之果实分种类、件数列榜公布，由群众最后审查，并及时总结经验、报告上级，坚决反对不通过多数群众而由少数土改工作干部与少数积极分子实行强迫命令、包办代替、脱离群众的错误做法。

有些地方，以乡或以村为单位将所有斗争果实，如耕牛、农具、粮食、房屋等，按其数量与性质，分成若干种类，并根据农民应分果实的具体情况与需要，分别采取下列办法处理：分耕牛应随分田走，就是说以乡或以村为单位，将没收、征收与分配的土地亩数和耕牛的数量，耕种力的强弱，再加上各分田户自有土地的亩数与自有耕牛的数量和耕种力，合计得出全乡或全村的土地总面积及耕牛的总数，并按耕牛的大小、耕种力的强弱分别记分，然后以耕畜力的总分数除土地总面积，求出一分牛力应耕种多少土地数，按填坑补缺的原则及耕种土地的需要分配。主要农具应随分牛走，就是说所没收的犁耙一般应随着所没收的耕牛分配而分配，但由于耕牛使用犁耙的时间有先后，即先犁后耙，故在没收犁耙少的情况下，一般可按二头牛共用一张犁，三头至四头牛共用一副耙，并按居住相近、便利生产的条件下进行分配，对于木桶、水车、风车的分配，根据当地习惯，同样一件可以分给几家共用，但为保证上述农具不受损坏，必须实行共管共修。对于镢头、锄头等其他生产工具，亦应按填坑补缺、照顾需要、有利生产的原则分配之。分粮食则主要按无地缺地的人口分配，也就是说，必须以无粮缺粮户为单位，以人口为标准，用自报公议、民主评定结合调查研究的方法（防止自有粮以多报少），首先详细计算全乡或全村有多少人无粮缺粮，得出缺粮的总数，并以缺粮的总数除全乡或全村所没收粮食的总数，求出百分比，然后按比例数分配。在分配房屋时，应将依法没收的房屋，除不适合农民居住和必须留作公用之房屋外，应首先分给无房的雇贫农与贫苦的烈军属住用。在分配中要注意坚决反对贪污浪费，反对不分雇贫中农，不注意生产需要而平均分配果实的错误办法；贯彻奖惩制度。凡在土地改革中作风正派、斗争积极、工作努力，并有显著成绩的乡村干部与积极分子，在政治上与精神上给以奖励是必要的，绝不能以工作积极作为多分果实的条件，但个别干部如合乎上述条件，因积极参加工作而误工最多，家庭生活又特别困难者，经群众讨论通过（大多数群众同意），报请县土委另行加以奖励是可以的，但不得从斗争果实中抽出奖励；另外任何土地改革干部绝不得私自动用土地改革斗争果实，违者按情节轻重依法处分。[1]

4. 土地分配结果

总的来看，西南地区土地分配情况是基本符合《土地改革法》要求的。来自江北县龙兴乡同乐村和鸳鸯乡第六村的土地分配情况具有一定的代表性，如表6－2和表6－3所示。[2]

表6－2　重庆市江北县龙兴乡同乐村土地分配情况一览表[3]

成分	应分田户数（户）	应分田人口（人）	分得数（石）	等级（人数）						双份（石）	每人平均数（石）	备考
				最高数（石）		一般数（石）		最低数（石）				
				2.2	2～2.2	2	1.7～2	1.5～1.7	1.5			
雇农	4	6	15.9	4						2	2.645	
贫农	209	942	1 909.5	288	403	242	9				2.027	
佃中农	99	624	1 333.2	124	290	119	91				2.538	
地主	25	106	162.2				5	21	80		1.632	
其他	4	9	14.7	1		1			7		1.633	
合计	341	1 705	3 435.5	417	693	362	105	21	87	2		
备注	分配以后，一般没有啥子反映，尚存49.626石。											

[1] 中共江北县委：《江北县第二区龙兴乡重点分田（同乐村、普福村）情况报告》，江北县档案馆藏档，全宗号：1，目录号：1，案卷号：6。

[2] 另外，关于西南地区土地分配情况更全面的说明可参见张际春的《为加速完成土地改革而努力》（重庆市档案馆藏档，全宗号：D类《重庆工作》，目录号：701，案卷号：50）。

[3] 中共江北县委：《江北县第二区龙兴乡重点分田（同乐村、普福村）情况报告》，江北县档案馆藏档，全宗号：1，目录号：1，案卷号：6。

表 6－3 江北县鸳鸯乡第六村土地分配情况一览表

<table>
<tr><th colspan="11">分配果实</th></tr>
<tr><th colspan="2" rowspan="3">分配的等级</th><th colspan="8">分配果实的</th><th rowspan="3">占分配果实总数比重</th></tr>
<tr><th rowspan="2">成分</th><th colspan="3">户数</th><th colspan="3">人数</th><th></th></tr>
<tr><th>户数（户）</th><th>小计（户）</th><th>占分配总户数比重</th><th>人数（人）</th><th>小计（人）</th><th>占分配总人数比重</th><th></th></tr>
<tr><td rowspan="7">一等</td><td rowspan="3">一级</td><td>自耕贫农</td><td>1</td><td rowspan="3">3</td><td rowspan="3">3.85%</td><td>10</td><td rowspan="3">19</td><td rowspan="3">6.76%</td><td></td><td rowspan="3">4.16%</td></tr>
<tr><td>佃贫农</td><td>1</td><td>5</td><td></td></tr>
<tr><td>贫民</td><td>1</td><td>4</td><td></td></tr>
<tr><td>二级</td><td>佃贫农</td><td>6</td><td>6</td><td>7.69%</td><td>42</td><td>42</td><td>14.95%</td><td></td><td>3%</td></tr>
<tr><td rowspan="3">三级</td><td>自耕贫农</td><td>1</td><td rowspan="3">4</td><td rowspan="3">5.13%</td><td>7</td><td rowspan="3">20</td><td rowspan="3">7.12%</td><td></td><td rowspan="3">2.50%</td></tr>
<tr><td>佃贫农</td><td>2</td><td>8</td><td></td></tr>
<tr><td>贫民</td><td>1</td><td>5</td><td></td></tr>
<tr><td rowspan="9">二等</td><td rowspan="3">一级</td><td>自耕贫农</td><td>1</td><td rowspan="3">7</td><td rowspan="3">8.97%</td><td>4</td><td rowspan="3">30</td><td rowspan="3">10.68%</td><td></td><td rowspan="3">1.67%</td></tr>
<tr><td>贫民</td><td>4</td><td>22</td><td></td></tr>
<tr><td>雇农</td><td>2</td><td>4</td><td></td></tr>
<tr><td rowspan="2">二级</td><td>佃贫农</td><td>2</td><td rowspan="2">7</td><td rowspan="2">8.97%</td><td>8</td><td rowspan="2">28</td><td rowspan="2">9.96%</td><td></td><td rowspan="2">1.50%</td></tr>
<tr><td>贫民</td><td>5</td><td>20</td><td></td></tr>
<tr><td rowspan="4">三级</td><td>佃贫农</td><td>4</td><td rowspan="4">10</td><td rowspan="4">12.82%</td><td>16</td><td rowspan="4">32</td><td rowspan="4">11.39%</td><td></td><td rowspan="4">1.33%</td></tr>
<tr><td>贫民</td><td>4</td><td>12</td><td></td></tr>
<tr><td>雇农</td><td>1</td><td>1</td><td></td></tr>
<tr><td>手工业工人</td><td>1</td><td>3</td><td></td></tr>
<tr><td rowspan="12">三等</td><td rowspan="4">一级</td><td>佃贫农</td><td>3</td><td rowspan="4">13</td><td rowspan="4">16.67%</td><td>9</td><td rowspan="4">43</td><td rowspan="4">15.30%</td><td></td><td rowspan="4">0.83%</td></tr>
<tr><td>佃中农</td><td>1</td><td>7</td><td></td></tr>
<tr><td>贫民</td><td>8</td><td>23</td><td></td></tr>
<tr><td>雇农</td><td>1</td><td>4</td><td></td></tr>
<tr><td rowspan="3">二级</td><td>佃贫农</td><td>4</td><td rowspan="3">9</td><td rowspan="3">11.54%</td><td>15</td><td rowspan="3">25</td><td rowspan="3">8.89%</td><td></td><td rowspan="3">0.67%</td></tr>
<tr><td>贫民</td><td>2</td><td>7</td><td></td></tr>
<tr><td>雇农</td><td>3</td><td>3</td><td></td></tr>
<tr><td rowspan="5">三级</td><td>自耕贫农</td><td>2</td><td rowspan="5">19</td><td rowspan="5">24.36%</td><td>14</td><td rowspan="5">42</td><td rowspan="5">14.95%</td><td></td><td rowspan="5">0.1%</td></tr>
<tr><td>佃贫农</td><td>4</td><td>9</td><td></td></tr>
<tr><td>贫民</td><td>4</td><td>10</td><td></td></tr>
<tr><td>孤寡</td><td>1</td><td>1</td><td></td></tr>
<tr><td>雇农</td><td>8</td><td>8</td><td></td></tr>
<tr><td colspan="3">合计</td><td>78</td><td>78</td><td>100%</td><td colspan="2">281</td><td>100%</td><td></td><td></td></tr>
</table>

（二）分配工作的成绩及出现的偏差

如前所述，江北县各地土地及其他资源重新分配的工作顺利完成，目标也基本实现，土地的分配结果基本符合《土地改革法》的要求。

根据《江北县志》的说法，土地改革后，雇农人均占有土地为4.04亩，比土地改革前增加3.77亩；贫农人均占有土地1.57亩，增加0.58亩；佃贫农人均1.53亩，增加1.48亩；地主人均占有土地1.2亩，人均减少11.9亩；富农人均占有土地2.55亩，人均减少1.4亩。雇贫农每人都分得一份多于一人或两人的土地，保护了中农利益，保存了富农经济，地主每人亦分得一份土地，使其从劳动中进行改造。[1] 对此，档案材料中也有相应反映。土地改革前后，江北县（含土改后划出的主区）土地占有情况大略如表6－4所示：

表6－4　江北县土地占有情况

土地占有者	户数		人口		占有量					
					土地改革前			土地改革后		
	户数（户）	占总户数比重（%）	人数（人）	占总人数比重（%）	亩数（亩）	占总面积比重（%）	人均（亩）	亩数（亩）	占总面积比重（%）	人均（亩）
总计	131 527		695 302		1 221 369		1.76	1 221 369		1.76
地主	8 380	6.37	52 356	7.53	687 261	56.27	13.1	63 022	5.16	1.20
工商业兼地主	236	0.18	1 524	0.22	18 551	1.51	12.2	1 832	0.15	1.20
富农	2 151	1.64	16 766	2.41	66 273	5.43	3.95	42 747	3.50	2.55
佃富农	971	0.74	6 583	0.95	5 126	0.42	0.75	14 534	1.19	2.24
中农	13859	10.54	72 310	10.40	162 204	13.28	2.24	159 266	13.04	2.20
佃中农	21 339	16.22	131 097	18.85	20 626	1.69	0.16	236 823	19.39	1.81
贫农	21 497	16.34	128 255	18.45	126 931	10.39	0.99	201 648	16.51	1.57
佃贫农	48 820	37.12	232 109	33.38	10 496	0.86	0.05	355 296	29.09	1.53
雇农	4 697	3.57	7 464	1.07	1 984	0.16	0.27	30 168	2.47	4.04
小土地出租者	4 040	3.07	17 058	2.45	62 977	5.16	3.69	37 618	3.08	2.21
其他	5 537	4.21	29 780	4.28	24 400	2.00	0.82	39 817	3.26	1.34
祠庙、社团、学校、公田					34 540	2.83		19 542	1.60	
机动田									1.56	

[1] 重庆市渝北区地方志编纂委员会：《江北县志》，重庆出版社1996年版，第69－71页。

但其中也出现过一些严重违反土地改革总路线、政策法令的情形，存在着一些偏差和问题。从已掌握的档案材料看，这些偏差和问题主要有执行阶级路线的偏差、重新分配办法混乱以及严重违规的均田问题等。

（1）分配时执行阶级路线上的偏差

一是对地主少分和多分的错误并存。从指导思想上即存在“地主应低于贫雇”“恶霸地主少于一般地主”，加之干部存在“左比右”好，结果地主分得的土地普遍少于农民所有土地的1/2、2/3；同时也存在着地主多占的情况。另外，由于许多村庄里中农的数目很多，形成了平均主义的分配。小商贩对分田情况有意见的同时，贫雇农对小商贩、小手工业者与农民同样分田也一样不满。

（2）大家都想多分，想分好的

一山地的雇贫农想大搬家，自己的孬地不要，到坝上去分好田好房，如土主六村一组（大山凉子）的群众在分地前反映说：“我们组的苦了一辈子，现在翻了身，要搬到坝脚（平地）去分大田了。”另外，分田时，有的不愿调剂外来户，这村的群众看见有比自己村田地多的村就再也不愿调到外村去。如静观秀水村的农民最低数不及桥亭村地主的最高数，便有人说：“我们还不如地主，哪个要调到他村哩”（有坏人）[1] 小部分贫雇农想占好房子、分好田地，讨论好后，划田时又不承认以致给分田工作带来很大的阻碍，如陈银生，房子由他选，田由他占。别人提意见说：“田由你占了，别人不好划，水路牛路去不到。”他马上发脾气说：“翻身，翻屁的个身，照顾我们雇农，这样完全是害我们。”其他如李德亲、钟应三也是同样的思想。结果，由干部一个个劝解，打通思想并将就他们的意思，才把工作顺利完成了。[2] 在礼嘉七村，在分田以前虽然动员群众学习了七天，但没有从群众的思想上来解决问题，只在各小组长的汇报中得知他们讨论的意见，这样来展开工作，必然导致分田时很多人会有意见。[3]

---

[1] 《江北县第七区土地改革工作总结报告》，江北县档案馆藏档，全宗号：1，目录号：1，案卷号：10。

[2] 《江北县委关于土改工作进度与宗案工作情况报告》，江北档案馆藏档，全宗号：1，目录号：5，案卷号：1。

[3] 《江北县第一区礼嘉乡第七村土地改革第四步工作总结》，江北县档案馆藏档，全宗号：1，目录号：13，案卷号：1。

（3）具体分配工作出现偏差

在具体分配时，存在着掌握数字不确切，机动预留超过规定比率、调剂不力、多次重分等问题。也有的地区出现分完后个别农民找不到自己分的田的现象。如六区临渡乡六村，分田后有的农民找不到自己分的田，原因是干部为了在规定时间内分完田，只在屋里讨论搭配，未到坡上去看。还有的情况是，评田时表册上未注明水田或旱田，所以分配时搞不清，以致有的农民分到的都是旱田。因为分田后即转入秋收，亦未做调整。对于这些问题，群众很不满意。在五邻由于统计员单纯想分田，没有掌握好数字，以致分完后发生有两户自贫农民差七石田的补数。干部虽再三要他算好账，只听他说算好了，就没有亲自核对，这也是干部的麻痹思想作弊，结果动员这两户人□种。七组田多二十余石，除了原有户数及搬来的数余户人外，还有□种的十户二也要在这组进田，并且附近其他组不够的也要在这组取，多余的要交给这组分，机动田也留在这组，因此情况相当复杂，而且他们都想分种好田，不愿种滥田（滥田也不少）。□种的想种近田，近田就是好田，七组不愿交出，因此工作不能展开，就采取让别组先划，然后再划这组，有时反复展开工作四五天，对工作造成不小的损失。❶

（4）分配中干部工作的力度不足

分田如何分，如何搭配，如何照顾牛路水路，这些问题只需要干部交代清楚，让他们自己讨论，分起田来发生问题也要他们自己解决，分不走就不分，讨论好后再分，但干部就没有想到这点，不太相信群众，什么事情要干部自己去了解，自己去处理，形成了群众有依赖的思想，发生问题就找干部，自己不设法解决，结果工作受了不小的影响，反而进行得比较慢。❷ 在分配田土中接受了既定经验，做好了分配田土前的启发教育工作。大的方面未出问题，但在分配果实中，局部出现了问题。因为分果实时，主要联系到斗争中的出力者村干和武装了，这些人自然比一般群众费神大些。造成分果实时，武装要草鞋费，村干要留办公费。梅溪石镇村全部果实中的人民币 40 余万元全部给了武

❶《江北县委关于土改工作进度与宗案工作情况报告》，江北档案馆藏档，全宗号：1，目录号：5，案卷号：1。

❷《江北县第一区礼嘉乡第七村土地改革第四步工作总结》，江北县档案馆藏档，全宗号：1，目录号：13，案卷号：1。

装队了。[1]

三、土地改革复查与土地证的颁发

如前所述，西南部分地区在土地及其他资源的重新分配阶段出现过一些错误或偏差，对此，各级领导高度重视，其中部分错误或偏差一经发现立即被纠正，即使有些遗留未解决的偏差或问题一般也能够在颁发土地证及随后的土地改革复查阶段得到正确解决。

（一）土地改革复查

按照中央和西南局“凡属完成了土地改革的地区，应无例外地实行一次‘复查运动’”的部署和要求，各地开展了土地改革复查运动。其目的是处理遗留未解决的问题（如土地改革中某些分配不公平、划错成分、果实未分配完毕、对地主未管制好等）；进一步发动群众，对于大约20%的工作未做好、夹生或半夹生的乡村，实行补课；发动群众查实田亩、评好产量，消除评得过高或过低的现象，为农业税巩固基础，并刺激农民积极增产；田亩查实、产量评好以后即可颁发土地证，以确定农民对土地的所有权或使用权，借以提高和巩固农民的生产积极性。复查工作是根据一定要求和各乡村在土地改革中遗留问题的具体情况，结合其他工作，在一定时期内迅速有效地进行的。在土地改革及复查运动的基础上，各地开展了颁发土地证的工作。其步骤大体分为三个阶段：宣传教育、查田评产分配和填发土地证与庆祝胜利。

在江北县，根据地委指示以及《江北县委对复查工作的几点意见》，土地改革复查工作中要求，一般分一、二等类型村，一律不提复查口号，以准备春耕生产和整理互助组为中心，解决土地改革的遗留工作并做好划分工作，重点复查只限于三等类型村，打击对象只限于土地改革后，地主中反攻复辟最突出的，必须扭转村干部和群众的这种观点：地主说一点坏话，即要斗争。一般乡、一般村，防止采取土改老一套的办法，不应再度造成农村阶级之间的紧张空气，应从各方面营造生产氛围，在一般群众性的会议上，可吸收地主、富农、小土地出租者参加，反复讲清政策，发动生产，以稳定各阶层情绪，并向

[1] 《江北县第一区土地改革工作总结》，江北县档案馆藏档，全宗号：180，目录号：1，案卷号：5。

地主、富农、小土地出租反复说明复查范围和政策，以免造成恐慌。此外，要严格控制斗争、加强请示报告。在复查中，主要斗争对象严格控制为以下几种：第一，土地改革后有明显反攻破坏，并引起重大损失者；第二，有现行破坏行为者、不法地主和确定无疑的漏网反革命分子；第三，土地改革中漏网，土地改革前后有严重破坏行为者。对一般漏网的不法地主，土地改革复查要求：尚无重大不法行为者，只划成分使其低头认罪，交出应没收之房屋、土地、财物等，不必斗争和罚款；对土地改革后有不满情绪，说些坏话表达不满的地主不能视为反攻破坏，不应采取斗争，一般通过检查生产、检查守法公约，进行教育改造。对于错划阶级成分问题，土地改革复查中要求：改变错划成分，一律不采取斗争形式，可通过村扩大干部会议，吸收少数群众代表参加，根据政策审查提出修正意见，经该乡工作组审查，并报县委批准后，再召开群众大会，并找本人参加。由干部提出修正理由，允许本人申辩，最后由乡农代会宣布定案。关于地主自杀问题，土地改革复查中要求：各区委领导高度重视，已自杀者，应立即查明原因上报，以后再发生地主自杀，必须查明原因，限一天内报县委；农民自杀，除立即上报外，应严查责任。[1] 此外，土地改革复查中还发现：农民协会的组织不纯，评产中评高了，分配果实方面平均主义严重，不老实的地主分散财产，农民与地主间没有彻底割断联系，个别雇贫农包庇地主，村干部有乱查封没收及乱罚款等现象。[2]

综上可见，土地改革复查要解决的问题主要有：经济上继续打垮地主经济，斗争地主，挖出新财产用于分配；政治上继续强化阶级对立，纠正混淆阶级的错误，纯洁农民协会队伍，纠正土地改革中的偏差和错误，纠正分配果实的平均主义倾向，解决部分雇贫农生产困难、部分干部松劲和基层社会控制减弱等问题。

（二）颁发土地证

在土地改革复查工作完成后，根据上级文件以及《川东区县委关于颁发土地证工作的指示》[3]，江北县在土地改革复查工作基本完成后，进行了土地

[1] 《江北县委对复查工作的几点意见》，江北县档案馆藏档，全宗号：1，目录号：1，案卷号：123。

[2] 《江北县第一区委会复查工作总结》，江北县档案馆藏档，全宗号：180，目录号：1，案卷号：1。

[3] 江北县档案馆藏档，全宗号：1，目录号：2，案卷号：1。

证的颁发工作。1953 年 1—7 月，江北县根据《土地改革法》第 30 条“土地改革完成后，由人民政府发给土地所有证”的规定，按照川东区党委《关于颁发土地证工作的指示》，成立县、乡两级发证委员会，县以政府民政、财政、农会部门为主并吸收民主人士参加，乡以农民协会为主组成委员会，委员 9 ~ 15 人，由行政负责人任主任，委员会下设宣传、审查、发证、收费 4 组，具体计划与进行发证工作。初遵照川东行署《土地房产所有证及使用证暂行办法》：“凡土地改革已经结束，并已确立土地房产所有权者，不论新分与原有的土地房屋，均发给土地使用证。”后执行西南军政委员会民政部《关于颁发土地证的修改意见》：“乡场（或街）的房地产，无论属于农民、工商业者或其他阶层人民原有或新分的，一律填发土地证。”❶

颁发土地证工作，是巩固土地改革胜利转入我国生产运动的问题。江北县委要求必须认识到这一工作的重大意义，要当作一件政治任务有组织有领导地去完成，切实防止当作单纯技术而潦草从事的做法。通过复查工作进一步提高群众的觉悟，并在此基础上颁发土地证，同时掀起一个广大的群众性的爱国增产节约运动，开展村与村之间、互助组与互助组之间、个人与个人之间的增产节约竞赛。

实践中，江北县各级政府召开各种会议，对群众进行发证目的、意义的宣传教育；动员农村知识分子、教师、民主人士等方面力量参与发证工作；组织乡村干部、农村知识分子、文书等进行统计、登记、填写方法培训，要求“一律用毛笔正楷，有关数字均用大写”填证；对土地面积“目前尚难普遍丈量，折用标准亩又难准确，故一律以常年应产量折市石填写”。填写人员每填写 20 张为 1 个工，每个工发给报酬现米 3 斤。经过以村造册、民主审查、政府批准、集中填写等过程，全县共填发土地证 135 500 份，从而废除了地主阶级封建剥削的土地所有制，受压迫的农民翻身当了土地的主人。各乡还召开了颁发土地证群众大会，总结土地改革斗争经验，号召开展增产节约运动。同时，焚毁土地制度改革以前的土地契约，至此，按照《土地改革法》规定：“实现农民的土地所有制，并承认一切土地所有者自由经营、买卖及出租其土地的权利。”

---

❶ 重庆市渝北区地方志编纂委员会：《江北县志》，重庆出版社 1996 年版，第 69 - 71 页。

四、小结：土地和其他资源的重新分配及其对乡村社会变迁的影响

土地改革不仅是共产党领导下的有计划的乡村社会变迁的宏伟开端，对于每一个乡村社会成员来说，它更是一场直接决定其前途命运的生活事件。在具有较高的同质性的传统乡村社会，村庄成员大多有着相似的思维方式和行动方式。但在新中国成立初期的地权变动运动中，每个成员根据自己已掌握的信息并结合自己的利益进行行为选择的结果是：这种判断与选择的交互作用形塑了运动的实际运作和最终格局。这些乡村成员的行动判断一般包括三个环节：对客观形势的判断，对自己利益的考虑以及决定的行动方式。何高潮认为，从行为互动的观点看，革命中的左右摇摆是不可能通过恰当的政策定义去解决的，因为政策所影响到的人都有主观能动性。因此，革命中最关键的问题在于如何有意识地把政策的摇摆变化纳入策略的整体规划中，去引导人们的特定行为，以达到既能动员农民又能弱化地主反抗的境界。[1] 田中恭子也指出，土地改革使农民成为共产党的支持者是毋庸置疑的，但这个过程是借助农民基于形势判断而做出的行动选择得以实现的。农民的行动总是建立在对以下事情的判断之上：确保农民自身与家族的安全；上级权力对合作者有利，对不合作者不利，以及村内的认识关系、道德规范等政治上的、社会上的利益得失和以此为前提的经济上的利害得失。[2]

没收、征收与分配是土地改革的中心环节，也是各种矛盾冲突最直接和尖锐的环节。各种纠纷时有发生。新中国成立初期，中央及西南地区进行了一系列的制度建设，试图更好地规范和指导没收、征收与分配土地工作的开展。但在资源再分配的实践中，作为执行者的基层干部、作为被剥夺者的地主富农、作为受益者的广大乡村民众，处于一种高度关联的互动博弈状态。这场强力的地权变动颠覆了传统乡村社会那些温情脉脉的社会关系，给未来的农村发展蒙上了难以驱散的阴影。

---

[1] 何高潮：《地主·农民·共产党：社会博弈论分析》，牛津大学出版社 1997 年版，第 2 页。

[2] 田中恭子：《土地与权力——中国的农村革命》，名古屋大学出版会 1996 年版，第 127 页。

（一）地权强力分配违反了公平正义的原则，鼓励了不劳而获和打家劫舍的群众心理

特别是“谁斗谁分”的政策鼓励农民日益漠视日常积累起来的乡里乡亲的人情，部分人不惜以违反道德底线来换取经济利益。土地改革中鼓励以参加斗争的积极程度作为分配斗争果实的依据。这样千载难逢的机会谁也不愿错过，于是矛盾和冲突就很难避免。在韩丁笔下的张庄土地改革中，“积极参加大会，大胆倾诉苦水的人都分到了东西。那些没有说话的人，得到的就少些，或者什么也没得到”。“只要积极参加斗争，就可以实实在在地分到土地、房屋、衣服和粮食。大伙一旦看清了这个事实，就都相继投入到以后的运动中去。”反过来，对斗争果实分配的不满，往往会导致农民斗争热情的消退。有人因为分配不公而埋怨说，“误了工，得不上东西，斗争还不如打短工”，明显是把参加斗争、分配果实当作一种谋生手段。有人“感觉已斗争彻底了，没啥东西了，过去斗争那样多的东西，还没翻透身，再斗也翻不了身”。这些例子都表明了物质激励对于群众运动的重要性。

在利益的驱动下，分配过程中群众都想多分的心态明显。在分果实前提出的是缺多多分、缺少少分，但大部分村干部和会员都不同意，他们说要发展生产必须平均分配，如一区礼加乡二村农民协会委员提出全村十二邻将果实分成十二堆，大家通过抽签分配，谁抽坏的，谁命不好。中农阶层也不满意“缺多多分，缺少少分”，他们也想平均分配，如三村中农陈济清说不去开会了，反正分不到东西，什么都给了雇贫农。雇农是想多分的，根据需要雇农也应多分的，礼嘉二村雇农刘炳南说：分东西先由雇贫农要了，再交统一分配。总之都想分点东西，并且想分点好的。民兵普遍想多分点果实，他们说在土地改革中站岗放哨到处催要果实穿破了很多单鞋，这次分果实要多分点，如三区乐碛青木村分队长黄王发说，民兵得提高20%，如不提即交枪。[1]

为了获取更多的利益，农村社会各阶层采取了不同的行为取向。首先，干部的处境很尴尬。一方面他们希望和其他村民一样分到更多自己想要的东西；另一方面上级领导往往会要求他们不贪污，不多分果实。其次，地主的行为选

---

[1] 《江北县委关于土改工作进度与宗案工作情况报告》，江北档案馆藏档，全宗号：1，目录号：1，案卷号：5。

择主要取决于形势判断。他们优先考虑自身生命和财产安全，而生存的需求往往压倒了道德伦理等其他因素。再次，贫雇农在共产党的阶级体系中处于核心地位，在土地改革期间成为经济资源和权力资源再分配的最大受益者。他们的行为选择更多决定了分得果实的多少和获得权力与否，而不至于损害其自身安全。每个人都希望将别人的东西无偿地变成自己的，人们都希望得到尽可能多的好处。这与他们长期处于极度困厄中的生存需求是不可分的，这些共同构成了群众运动的基本动力。最后，富农、中农处于“我”“敌”之间的中间地带，在运动中既可能得到好处，更可能受到冲击，其阶级身份也相应决定了他们在运动中的态度和行动。富农、中农必须面对随时可能会降临到自己身上的土地改革过激化的冲击。

在趋利的群众心态驱使下，富农、中农的利益时常遭到侵犯。征收富农的土地给贫雇农曾是党在以往革命实践中的一种做法。但到了新中国成立初期，这样的做法已经为《土地改革法》所不允许。这无疑是党根据新形势的变化做出的新调整。但满足贫雇农的土地要求仍是中国共产党的承诺和目标之一。因此，在内部资源相当贫乏又无外来资源可利用的情况下，“满足贫雇农的土地要求”有时难免与“不侵犯富农的路线精神”存在逻辑上的内在悖论和难以调和的现实冲突。虽然《土地改革法》本身是在吸取以往经验的基础上并经过调查研究、典型试验和民主征求基层意见等过程制定的，但其本身却仍是一个相当理想化的东西，在面对社会实际情况时往往会暴露出一些问题。很多地区因为本地地主土地很少不足以满足群众的要求，急切希望得到土地的群众就转而要求重分富农的土地。对贫雇农合理的土地要求和不侵犯富农、中农的利益之间存在着难以调和的矛盾。面对实践中不断发生的侵犯富农、中农利益的问题，中国共产党似乎无招可施，只能不断借助宣传教育，依靠空洞的道德说教式的口号，如“征收富农的土地不适合当前人民最大利益”等试图解决问题，而对贫雇农合理的土地要求则采取回避态度，提不出如何在不侵犯富农、中农利益的前提下来满足贫雇农土地要求的具体方案。群众因其合理要求受到压制，反应是相当强烈的，“个别乡村的部分贫雇农思想觉悟未得到提高，而表现消极。如防盛乡黄家屯在赔退错误地征收了富农的土地以后，小组会就开不起来了，积极分子黄兰芳（贫雇农主席团主席）急得坐在路上哭”。要满足还没有彻底翻身的贫雇农合理的土地要求，只能向富农、中农索取。否则积极分子分不到果实，地权变动的任务就无法完成。在很长时间内，为了发动贫雇农，不伤害他们起来闹革命的积极性，中国共产党对富农特别是中农遭受侵害的情况，采取了睁一只眼闭一只眼的默许态度，只有等到波及范围和打击程度已经对农村社会的稳定造成影响之时，才提出纠正。中共将这一错误概括为“左倾”路线，“不是宣传依靠贫雇农，巩固地联合中农，消灭封建制度的路线，而是孤立地宣传贫雇农路线”。而对富农、中农利益的侵犯，使得在相当长的时间里，农业和农村的发展受到很大影响。

（二）地权强力分配的逻辑下，平均主义思想痼疾难以清除，生产积极性遭受重创

一直以来的农民社会上升的正常渠道，应该是通过勤俭持家、积累土地而发家致富。但随着土地改革宣扬的“穷比富好”“越穷越光荣”的口号，闹革命比搞生产似乎变得更重要。土地改革中，农民的平均主义心态严重，所谓“中共一来，产业就不分你的我的，一齐成了大家的，要是那样，大家都想坐着吃，谁还来生产”成为一种普遍心态。闹革命导致农民对生产不感兴趣，董必武在全国土地会议上对生产问题非常担忧，“中农有一部分生产积极性不高，特别在干部执行政策错误，侵犯了中农利益的地区，这种现象尤为显著。中农怕斗争，怕‘割韭菜’，就说‘够吃就算了’‘打得多，要得多’”。更为严重的是，平均主义心态造成生产资料的大量消耗，“社会上的积蓄在土地改革中被大量消耗了，斗地主富农时，斗出来的果实吃掉了一些，用掉了一些，由集中到分散不可避免地要毁损些”，这对生产也是非常不利的，因为看到自己的财产有可能变为别人的财产，农民情愿大吃大喝挥霍掉省吃俭用积累起来的财富。甚至一度由党和政府出面提倡发家致富，但出于对富裕后被斗争和打压的担心，人们对财富的追求还是打了折扣，这也深刻影响了后来的中国社会。中共克服平均主义心态的方法，是将生产劳动与政治任务联系起来，树立典型。随着中共纠正“左倾”错误，平均主义心态才被发展生产的话语所统一，但依然没有彻底解决闹革命与搞生产之间的关系。之后集体化时代的到来再度激发了农民的平均主义心态，人民公社制度下的经济发展始终比较缓慢与这一心态也有密切关系。

土地改革的胜利在短期内激发了农民从事生产的积极性，从更长的时间范围看，却是打击了农民生产的积极性，平均主义心态在土地改革后得以延续。在集体化过程中，农民对一大二公的生产分配方式是一次次的抵制。因为作为与土地打交道的生产者，农民对于财产界限有着天然的认识，这也是农民认可

勤俭发家的观念基础，有钱人在农村是大家都尊重的对象。在日常的生产生活中，个体小农作为一个生产单位，他们追求的是一家一户的发财，贫农希望成为中农，中农想成为富农，发财致富才是他们的“天性”，他们既不轻易允许别人来分享自己的财产，也不敢随意侵犯别人的财产。同时，农民又具有平均主义的心态，也是一种“吃大户”的心理。这也是斯科特所揭示的农民的生存权利，是农民在最低生活水平受到威胁的情况下奋起反抗时所用的一套逻辑。农民大多是在饥荒的时节涌向富裕人家讨要粮食，侵犯财产的行为是不被习俗认可的。在正常秩序下，对财产的敬畏和尊重是再自然不过的事情。但是在暴力打破正常秩序的特殊情况下，像暴动中的杀富济贫一样，农民的平均主义、不劳而获的愿望可能会被最大限度地激发出来。但土地改革和阶级话语的到来，共产党无意间鼓励了农民身上固有的狭隘和目光短浅、仇视富人，重视眼前的实际利益、忽视长远利益等性格弱点，他们不劳而获和打家劫舍等行为得到了鼓励。贫雇农对中农利益的损害是平均主义心态蔓延的结果。富裕农户都害怕露富，农民普遍认为穷比富好，越穷越光荣。传统意义上的乡村精英如乡绅、地主要么被打倒，要么纷纷移居城市，乡村社会的精英流失严重，传统根基被彻底破坏，甚至出现了破败不堪的景象，乡村的领导阶层被后来概括的“土豪劣绅”所充斥，贫苦民众的物质欲望在恶化的生存境况中被放大，农村社会秩序赖以建立的传统道德基石被破坏，不劳而获和打家劫舍等思想盛行，平均主义心态占据主导，生产积极性遭受严重破坏。农村社会长期处于萧条和混乱的状态。

第七章　地权变动的司法保障：土改人民法庭的组建与运作

新中国成立初期的地权变动，本质上是中国共产党领导群众向地主夺取土地的一场激烈的运动。一方面，地主阶级必然会拼死反抗，进行各种破坏和捣乱活动；另一方面，农民一旦被发动起来，群情激愤，容易发生“过火”行为，出现“乱打”“乱杀”的现象。因此，为了有效镇压恶霸地主的顽抗和防止农民出现狭隘的报复主义的偏向，在土地改革中设立人民法庭是十分必要的。新中国成立初期的土改人民法庭创建于1950年冬至1953年春的新区土地改革运动中，是受县（市）人民政府和人民法院双重领导，依照司法程序专门负责审理与土地改革相关的案件，具有一定群众性的临时特别审判机关。它的创立吸取了解放战争时期创立人民法庭的经验和教训。[1] 土改人民法庭的成立有力地打击了一切反抗与破坏土地改革的活动，并在一定程度上将新中国成立初期的土地改革运动纳入法制轨道，为《土地改革法》的贯彻实施提供了保障。

一、土改人民法庭组建与运作的制度建设

（一）江北县土改人民法庭组建与运作的制度环境

新中国成立初期，围绕着指导或加强人民法庭的工作，从中央到西南地区

[1] 1947年9月，中共中央召开了中国共产党全国土地会议，通过并颁行了《中国土地法大纲》。为保证土地改革的顺利进行，该大纲第13条规定：“对于一切违抗或破坏本法的罪犯，应组织人民法庭予以审判及处分。”根据这一规定，各解放区结合自身的具体情况先后成立了人民法庭。可以说，解放战争时期人民法庭的创立是党长期领导土地改革的经验总结，也是这一时期土地改革取得巨大成功的重要经验，同时也为新中国成立初期新区土地改革创立人民法庭做出了积极有益的初步探索。

各级领导机关进行了一系列的制度建设。总的看来，可将土改人民法庭的制度建设分为两大类：首先是在运动初期为敦促并指导土改人民法庭的组建与运作工作而发布的文件；其次是针对实践过程中出现的问题，为加强和细化对人民法庭工作的指导而发布的文件。江北县土改人民法庭的组建与运作应当遵循的制度规定，如表7－1所示：

表7－1　江北县土改人民法庭的组建与运作遵循的制度规定

序号	颁行主体	颁行时间	文件名称
1	政务院	1950年6月30日	《土地改革法》
2	政务院	1950年7月20日	《人民法庭组织条例》❶
3	政务院	1951年11月16日	《关于土地改革地区的人民司法机关必须大力参加人民法庭工作的指示》❷
4	西南局	1951年12月19日	《西南军政委员会关于加强人民法庭工作的指示》❸
5	川东区行署	1950年10月	《川东行署关于建立人民法庭的指示》❹
6	川东区行署	不详	《川东区人民法庭组织条例》❺
7	江北县委	不详	《江北县关于人民法庭工作的指示》❻

（二）土改人民法庭组建与运作的具体规定

1. 中央的规定

新中国成立前，中共中央召开了中国共产党全国土地会议，通过并颁行了《中国土地法大纲》。其中规定：“对于一切违抗或破坏本法的罪犯，应组织人民法庭予以审判及处分。”但对于人民法庭的组建和运作问题却缺乏具体规定。新中国成立后颁布的《人民法庭组织通则》，内容涉及人民法庭的性质、设立单位、组建办法、运作程序、权限、复审上诉更审、审判人员的回避情形及渎职惩戒等方面。其中，关于人民法庭的组建，《人民法庭组织通则》规定：“人民法庭以县（市）为单位成立之。必要时得联合两个区以上设立分

❶ 重庆市档案馆藏档，全宗号：D类《川东资料》，目录号：685，案卷号：28。

❷ 中央人民政府法制委员会：《中央人民政府法令汇编》，人民出版社1953年版，第118页。

❸ 重庆市档案馆藏档，全宗号：D类《西南政报》，目录号：699，案卷号：16。

❹ 重庆市档案馆藏档，全宗号：D类《川东资料》，目录号：701，案卷号：28。

❺ 重庆市档案馆藏档，全宗号：D类《关于减租反霸退押等问题的规定》，目录号：65，案卷号：20。

❻ 江北县档案馆藏档，全宗号：1，目录号：1，案卷号：13。

庭，县（市）人民法庭及其分庭均得实行巡回审判。”“县（市）人民法庭及其分庭均设审判委员会，由审判长一人，副审判长一人，审判委员若干人组成之。县（市）人民法庭的正副审判长及半数审判员由县（市）人民政府遴选，其余半数审判员由县（市）人民团体或各界人民代表会议选举。所有遴选与选举正副审判长与审判员均由县（市）人民政府报请直属上级人民政府加委。分庭的正副审判长及半数审判员由县（市）人民政府委派，其余半数审判员由就审地的人民团体或人民代表会议（在乡村中主要是农民协会或农民代表会议）选举，报请县（市）人民政府加委。”关于人民法庭的运作，《人民法庭组织通则》规定：“县（市）人民法庭及其分庭受理案件后，应认真地进行调查研究，搜集证据，严禁刑讯。在审判时，旁观的人经允许后可以发言，但必须保持法庭的秩序。”“县（市）人民法庭及其分庭审判时，应保障被告有辩护及请人辩护的权利，但被告所请之辩护人，经法庭认可后，方可出庭辩护。”“县（市）人民法庭及其分庭有权依法逮捕、拘禁并判决被告死刑、徒刑、没收财产、劳役、当众悔过及宣告无罪。”

随后，为了进一步解决人民法庭在组建和运作实践中存在的问题，以更好地发挥其在土地改革运动的保障作用，中央人民政府于1951年11月16日下发了《关于土地改革地区的人民司法机关必须大力参加人民法庭工作的指示》，要求“这些地区的各级人民司法机关必须以最大的努力直接参加并支持广大人民群众反对封建土地制度的革命斗争，保证土地改革任务的胜利完成”。

2. 西南各地的规定

根据中央的指示和精神，全国各地出台了很多文件，并以此指导组建人民法庭的工作。西南各地为了做好本地人民法庭工作，纷纷出台了人民法庭的组织条例或相关指示。其中，大量规定涉及人民法庭的组建与运作问题。

比如，为了更好地指导本地工作，川东行署曾于1950年10月发布了《川东行署关于建立人民法庭的指示》，指出：“根据中央人民政府政务院7月20日公布的《人民法庭组织通则》之规定，各县（市）必须迅速建立人民法庭并认真开展工作。”并就人民法庭的组建工作，提出：“各县（市）人民法庭应迅速建立。在距县城甚远或情况异常复杂之地区，得建立分庭，以求镇压及时。为了保证人民政府政策法令的贯彻与加强人民法庭的工作，应在各县副书记、副县长、县农协主任、县公安局长、警卫营副营长等干部中选择一人兼任人民法庭审判长，另以一得力干部专任副审判长，正副审判长均由县（市）

人民政府提请专署审查拟定，报行署批准加委。人民法庭工作人员应保持一定数量的专职干部，分别组成审讯、调查、秘书3组，每组设3人至5人，在正副审判长领导下办理日常工作。鉴于我区司法机关尚不健全的情况，人民法庭办公机关暂设在县（市）人民政府公安局内。”关于培训人民法庭工作人员，提出：“确定担任人民法庭的工作人员应进行短期的专门训练，务使他们懂得人民法庭的性质、作用、职权、任务及应遵循的政策法令、工作程序等，以便展开工作，在开始时最好由县长或县书，甚至专员亲自审讯及办理一二案件作为示范，吸取经验以教育干部。”另外，“人民法庭应与群众保持密切的联系。在受理案件的过程中应该在群众中进行充分的调查研究，广泛征求群众对处理这一案件的意见，仔细地处理群众控诉，必要时得吸收农民群众代表参加人民法庭，开庭审判时，亦可吸收群众参加旁听，在不碍法庭秩序的原则下，应允许群众有秩序地发言。”关于人民法庭的运作，提出：“人民法庭的工作人员应切实地遵循人民政府的政策法令，按照正常的司法程序，有秩序地镇压匪特及恶霸地主的阴谋破坏活动。对案件的处理应采取审讯和判决两个步骤，并切实注意调查证据研究案情，严禁刑讯逼供，对案件处理应经审判委员会研究，提出处理意见，呈请县（市）人民政府或转呈上级人民政府批准宣判布告等程序，审判委员会讨论案件中遇有分歧意见时，由审判长最后确定，以保证案件的迅速处理。”

以此为铺垫，川东行署还出台了自己的人民法庭组织条例，以更好地指导本地工作。《川东区人民法庭组织条例》直接承继了中央出台的《人民法庭组织条例》的原则精神，并结合本地特点加以细化。从具体内容上看，《川东区人民法庭组织条例》作为下位法，大量援引、借鉴甚至是照搬照抄了作为上位法的《人民法庭组织条例》，部分内容有所细化发展。关于人民法庭的组建，《川东区人民法庭组织条例》规定：“可以县（市）为单位成立人民法庭，必要时得以区为单位或联合两个区以上设立分庭。以上均应经县（市）人民政府报经行政公署（或行政公署特令指定之专员公署）批准，命令成立之。”“县（市）庭及分庭均设审判委员会，由审判长1人，副审判长2人，审判员4人至6人组成之，办理对案件之研究、审判事项，审判委员会下的组设审判组、调查组、秘书组，每组由3人至5人组成之，在正副审判长领导下办理日常工作。分庭直接向县（市）庭负责，在县（市）庭领导下进行工作，超越分庭活动范围之重大案件，应移县（市）庭处理，县（市）庭对分庭之判决有采纳、修改及否决之权，并有权将分庭某些必要案件提调县庭直接进行审讯和判决。”此外，还增加了对县（市）庭及分庭正副审判长、审判员及其他工作人员产生办法的规定：“县（市）庭正、副审判长，由县（市）人民政府县长、公安局长及当地驻军营以上军政干部中遴选，半数审判员由县（市）人民政府及人民法院中遴选，其余半数审判员由各界代表会、农会及其他人民团体中选举；分庭审判长由县（市）人民政府指派，副审判长及半数审判员由县（市）人民政府或设立分庭地区之区人民政府及当地驻军主要干部中遴选，其余半数审判员由设立分庭地区之人民团体（在农村中主要是农民代表会议或农民协会）选举；县（市）庭及分庭之正副审判长、审判员均由县（市）人民政府报请行政公署（或行政公署特令指定之专员公署）审核加委，命令公布后方得有效；县（市）庭及分庭之其他工作人员，由县（市）区人民政府、人民法院及人民团体工作人员调用之。”关于人民法庭的运作，首先对审判问题进行了规定：“县（市）庭及分庭对事业案件处理，均得采取审讯和判决两个步骤。县（市）庭及分庭受理案件后，应认真调查证据，研究案情，严禁刑讯逼供，并力求迅速结案。开庭审判时，原被告、证人、辩护人、勘定人均得亲自按时到庭，经原告重申控诉后，法庭依法进行审判。案件经审判小组审讯后，提交审判委员会讨论决定，报请县（市）人民政府批准或转呈上级人民政府批准后宣判执行。讨论中遇有意见分歧时，由审判长最后决定，如审判长因公离职，由副审判长代行其职权。县（市）庭及分庭均得实行巡回审判。凡罪恶昭彰、为广大群众所最痛恨之罪犯，县（市）庭及分庭关于开庭 3 日前通知当地人民或人民团体，推选一定数量代表参加旁听，旁听人经审判长允许后可以发言，但应保持法庭秩序。县（市）庭及分庭审判时，应保障被告有辩护及请人辩护之权利，但被告所请之辩护人得事前具文申请，土改经法庭认可后方得出庭辩护，正副审判长认为其辩护已失去必要时，有权制止其辩护。县（市）庭及分庭之判决书，由县（市）庭及分庭审判长签署公布。”其次，还就人民法庭判决的权限和执行程序进行了规定：“（市）庭及分庭有权传讯、逮捕、拘禁并判决被告死刑、徒刑、没收财产、劳役、科罚金、当众悔过、宣告无罪，其执行依照下列规定办理之……”

在土改人民法庭普遍成立起来并在各地运作一段时间以后，西南各地又发布了一系列加强土改人民法庭工作的指示，指出了土改人民法庭在实践工作中存在的问题与不足，进一步就其组建和运作进行了细化规定。比如，西南军政委员会颁发了《西南军政委员会关于加强人民法庭工作的指示》，其按语揭示了其意旨所在："本会司法部遵照中央指示精神，并根据各地人民法庭工作报告及实地了解的材料，结合西南区第三期土地改革正积极开展的具体情况，拟具《加强人民法庭工作的意见》，希各省、区、市结合当地实际情况，研究部署，以期及时加强人民法庭工作，并希望将实施情况具报。"从内容上看，它首先总结了以往土改人民法庭工作的不足。"一年来西南各地区人民法庭，在镇压反革命、配合推动减租退押、土地改革等中心任务的顺利进行上，起了很大的作用，成绩是主要的。但也有些地区由于对人民法庭工作重视不够，人民法庭机构不健全，干部的数量和质量缺乏适当的配备，因此在干部的政策法令的教育上、工作关系和统一领导上，特别是分庭工作上，都或多或少地存在一些问题，致使工作的正确开展受到影响。"接着要求进一步加强人民法庭的工作。"一方面各级司法机关要从上到下强调法院必须在同级政府的统一领导下，参加与支持人民法庭工作，统一布置《加强人民法庭工作》及有关文件的学习，对有些司法干部中存在着的把法庭工作认为不是法院本身工作的错误认识，提出批评纠正；另一方面各级政府对于过去人民法庭工作的成绩和缺点，即干部在执行人民法庭工作中不正确的思想作风，加以检查和改进，并根据各地司法机关不同的情况，把司法机关才能把人民法庭工作作为一种制度来推行。但西南区各地的情况不同，法院和法庭的关系，即在目前亦尚不能强求一致。"最后提出了必须从三个方面进一步加强人民法庭的工作，即配备、充实人民法庭干部、加强干部的政策法令教育、重视分庭的工作并处理好分庭与县庭的工作关系以及确立人民法庭的统一领导。

其中，就干部来源问题，规定："各地区在进入土地改革之前，须责成县市人民政府调整加强人民法庭的组织机构，配备相当的专职干部。人民法庭干部的来源，应着重从法院、公安、检察、民政等机关，抽调有相当业务知识的干部，和土地改革工作队取得联系。在配备土地改革工作干部时，统一指定人民法庭（特别是分庭）的专职干部；加强法庭与土地改革队的联系配合；因为这些干部比较熟悉土地改革法令，对配合土地改革工作可以发挥更大的作用。另一方面从与土地改革有关的群众团体如农会和其他群众团体农民出身的干部中抽调，并可酌情抽调工人干部，从群众运动中的积极分子中选拔、配备妥当后报告省区人民法院备查。"

就干部训练的规定："在进入土地改革之前，为使人民法庭的干部（包括委派的与民选的）对人民法庭的性质和作用、必要的司法业务知识有一定程度的了解，须责成县市人民政府办短期训练班（或召开短期训练性质的工作会议）期间的长短视具体情况决定。县市法院的干部条件强者，应由法院负实际上主持的责任，县市法院的干部弱者，则由公安、法院及其他有关机关共同负责主持。省级以上人民法院对干部条件过差的县市人民法院，在人民法庭干部短期训练工作上给予帮助。省级以上司法机关（包括西南司法部）负责供给教材（介绍人民法庭工作经验），并对各地的这项工作通过各级人民政府统一布置，切实进行检查。在时间许可时，可由省级以上司法机关选择县（市）重点试办，推广经验。”“省级以上的司法机关抽调可能抽调的干部（包括所属已土地改革或尚未推行土地改革地区法院干部）组织工作组，到条件特别差而工作亟待展开的地区，帮助推动人民法庭的工作。”“正进行和准备进行土地改革地区的县市人民法院抽调可能抽调的干部配备到人民法庭去，作为人民法庭的骨干力量。”“正在进行和准备进行土地改革地区的县市人民法庭必须配备和工作需要相适应的专职干部（由其他机关、团体调来的干部在土地改革期间专任人民法院工作者，亦包括在内），县庭为3人至5人，其中审判长或副审判长1人（如条件不许可时，应设负主要责任的审判员1人）及审判员1人至2人，分庭为2人至3人，其中1人为审判员，如工作需要并可适当地增加，防止使人民法庭在实际上成为空架子，工作趋于自流。”“正进行和准备进行土地改革地区的县市人民法庭，必须依《人民法庭组织通则》第4条配备和充实民选审判员，以充分发挥法庭是群众性的司法机构的性能。各地都是在减租、退押等运动已完成的基础上进行土地改革的，由群众中产生人民法庭的审判员，是具备有利条件的。民选的审判员必须使其参加实际的调查、审讯工作，以充分发挥其法庭与群众之间的桥梁的作用，防止成为形式。民选审判员一般不脱离生产，但得视实际需要在工作期间给予一部分生活补贴，个别民选审判员有脱离生产的必要时，则应解决其生活问题。”

二、土改人民法庭组建与运作的具体实践

从中央到西南地区对土改人民法庭的组建及其运作问题进行了一系列详细的规定，那么在实践中的贯彻情况如何呢？下面就从已掌握的西南地区土地改革档案材料出发，加以考察。

（一）土改人民法庭的组建实践

西南各地积极响应中央及地方领导机关的号召，调查研究相关问题，结合西南地区实际情况，订立了初步的工作计划，发布了要求各地限期组建人民法庭的指示，并抽派干部在土地改革典型试验区内有重点地建立了几个人民法庭进行试验。由于人民法庭干部普遍缺乏，而中心任务又极为迫切，因此西南地区特别强调法院干部转入法庭工作的重要性，要求各级人民法院（司法科）应尽可能把司法干部抽调到人民法庭去。各司法机关除留少数人员在院处理经常工作外，绝大部分都抽调到人民法庭中去。各县市人民政府还从土地改革工作队、贫苦知识分子和青年团员、群众运动中的积极分子中抽调人员参加人民法庭工作。这样，土改人民法庭很快在各地普遍成立起来。从档案材料反映的情况看，江北县较好地遵照了《人民法庭组织通则》的相关要求。人民法庭于1950年11月底正式成立，由党、政、军、民负责同志及各界代表会驻会委员等8人组成审判委员会，并由副县长兼任审判长，公安局长、法院院长任副审判长，下设审讯组、秘书组、调查组等。全县8个区均于1950年12月上旬先后成立了分庭，每个分庭有委员7人至9人不等，并吸收了2个到3个农民及各乡工作队的个别干部参加，以利协同动作。[1]

（二）土改人民法庭的运作实践

1. 从土地改革的进程看，土改人民法庭的运作情况可分为三个阶段

第一阶段是人民法庭的建立初期，也是在土地改革典型试验后进入局部开展的阶段。这时地主阶级反抗土地改革的气焰非常嚣张，采用各种公开、隐蔽、暴烈、缓和的方式进行抵抗和破坏，而群众则尚未发动起来，在这种情况下，人民法庭以“主动出击”的姿态，首先到各乡各村普遍张贴布告，说明人民法庭的任务及受理什么案件，借以提高群众的信心，然后及时主动地逮捕了一批罪大恶极的恶霸分子和其他为群众所痛恨的反革命分子，组织全县性、全区性与数乡的联合公审大会，控诉恶霸地主的罪恶，再根据罪恶轻重树立量刑标准，分别依法杀、关、管、放，并当众宣判，以表明政府态度，使人民法

---

[1] 中共江北县委：《江北县关于人民法庭工作的初步总结》，江北县档案馆藏档，全宗号：D类《川东资料》，目录号：701，案卷号：40。

庭成为鼓舞广大群众向恶霸地主封建势力和不法地主进行斗争的有力武器。第二阶段是全面地有领导地放手发动群众的法庭工作。土地改革进入全面展开的阶段后，群众的顾虑基本消除，敢于起来斗争，主动地向人民法庭检举控诉恶霸和不法地主的罪恶，要求惩办一批压在群众头上的大石头和继续进行破坏土地改革的不法地主。人民法庭即根据农民的控诉和检举的材料，经区县慎重研究后，遵照放手发动群众、大胆展开反封建斗争运动的精神逮捕一批恶霸地主，依法惩办，以沉重打击地主恶霸的气焰，振奋农民情绪。第三阶段是加强领导、加强检查，防止自满，继续贯彻坚决镇压反革命的工作，也是土地改革工作全面展开后期即将结束的阶段。这一时期的土地改革工作进入最紧张激烈的阶段，地主阶级做垂死的挣扎，破坏活动特别多，手段也更加毒辣。因此，人民法庭的工作是严厉及时地惩办复辟案件，防止麻痹自满，以保卫土地改革的胜利果实。

2. 从具体运作过程看，各地土改人民法庭一般都经过群众检举、审查研究、依法逮捕、就地组织斗争、适时开庭公审、执行判决等步骤

在江北县，人民法庭的运作过程如下：一是发动群众，主要是培养苦主，由苦主当庭控诉，在罪证确定后，由主审重述年龄、住址及罪行，然后宣判执行。二是事前组织群众酝酿搜集犯罪事实，先进行说理斗争，在条件成熟、群众要求法庭出面时，人民法庭便及时组织公审大会，经过公诉、控诉、审讯、对质、征求群众意见以及审判会议等步骤后，即行宣判。三是公审前先在农民协会中充分酝酿，搜集材料，召开大会、小会以及进行联合斗争后，再转入法庭公审。除准备判处死刑以及判徒刑与处罚等的案件外，公审中着重人证物证，也允许被告辩护。在反复辩论揭发直至犯罪分子无法抵赖、理穷服罪后，即由主审征求群众意见，经审判委员会讨论决定，分别判处死刑、徒刑、劳役等。❶

3. 从具体的审判方式上看，一般采用的是巡回审判的方式；在案件复杂的情况下则采取巡回审判与群众斗争会、诉苦会相结合的方式

巡回审判是土改人民法庭最主要的一种审判方式。许多地区除设立分庭外，还会组织几个审判小组，派到乡村进行就地审判，即哪里有案件发生，法庭就到哪里去进行审判。就地审判的好处是简便易行，可以深入群众中间，便

❶ 中共江北县委：《江北县关于人民法庭工作的初步总结》，江北县档案馆藏档，全宗号：D类《川东资料》，目录号：701，案卷号：40。

于直接联系群众，更容易调查了解案情、搜集证据和意见。对于那些案情比较重大、复杂或对社会有相当影响的案件，人民法庭一般会通知当地群众或有关机构推选一定数量的代表或邀请当地有威信的群众来参加陪审，尽量重视与听取意见，帮助审理。重庆江北县六区[1]的审判方式，一般说来是哪里用得着就到哪里去，法庭随时可以到各个需要开放的地方，在未开放以前务必先把群众组织好，再根据犯人的罪恶事实进行审判，然后宣判执行。

在案件复杂的情况下，则采取巡回审判与群众斗争会、诉苦会相结合的方式。根据禄劝县人民法庭的经验，遇到案情复杂、犯人狡赖的情况，采取就地审判与群众斗争会、诉苦会相结合的方式。这样做，易于掌握材料，平息民愤，就地处理案件。同时，更密切了政府与人民群众的联系。本来抵赖的人犯，在当地群众的揭发见证之下，只好供认。有的虽然继续抵赖，但已有充分的证据，可认定犯罪事实，个别不实的材料，也可以得到纠正。

（三）土改人民法庭组建与运作中的偏差和问题

1. 干部群众的认识偏差

土改人民法庭是配合土地改革发动群众不可缺少的政权组织，在土地改革期间只有将人民法庭的建立与走群众路线的方针相结合，才能更好地发动群众，完成土地改革的任务。但在实践中有些干部和群众对土改人民法庭的认识不足或者存在诸多的误区。比如，在江北县，土改人民法庭成立之初，由于宣传不够深入，一般人对法庭的性质和作用的认识是模糊的。有人认为“人民法庭可有可无”。有人则说“东北、华北没有人民法庭也一样完成了土改”，还有人认为“法庭即法院，法院即法庭”。有的农民认为人民法庭是排难解纷的调解处，把离婚、债务也交给人民法庭处理；有的认为人民法庭是给农民办理退押手续的机构，把地主送交法庭后就万事大吉。地主方面则只怕群众，不怕政府，认为送到法庭关几天之后，还是可以宽大释放的。因而有的地主吃不消农民们的斗争，要求转入人民法庭处理，认为人民法庭不打不骂，于是满不在乎。如地主刘次修在审讯时一再强调：“我退不起押，上不起粮，我的钱拿去修了房子，法官看叫我朗格办嘛？”某些干部也认为法庭不解决问题，持可

[1] 中共江北县委：《江北县六区土地改革工作总结》，江北县档案馆藏档，全宗号：1，目录号：1，案卷号：10。

有可无的思想，或者片面地认为送到人民法庭就是要枪毙。[1]

2. 流于形式，未能有效开展工作

有的分庭只具有形式，平时不办公，无适当干部支持，除公审外，平时不开会。有的县庭对分庭的领导不够，没有好好地布置过工作，没有多开几次审判长会议以及帮助分庭学习业务政策等，在发现分庭流于形式之后，也没有及时纠正。大部分案件仍由县庭一手包办，因而对某些案件的处理失去时效。法庭对教育说服群众进行说理斗法不够，运动初期吊打肉刑现象屡见不鲜，甚至如四区统景乡八保农民协会自组人民法庭，擅自枪毙了三个恶霸地主，严重地损害了人民政府的威信。

3. 不按政策法令规定组建和运作

在江北县，有时对公审会的组织很潦草，事前未让群众深入揭发说理斗争，公审中亦不让地主申辩，未能激起群众情绪，斗理又斗法，公审中形成冷场。不少干部有单纯的杀人观点，如第五分庭先后枪毙了几个恶霸地主及反革命分子，只开过一次公审会，枪毙大惯匪头子郭云武时，连公审会也未开，引起群众对死者罪行的怀疑。[2]

4. 违法乱纪、乱打乱杀的现象大量存在

在江北县，个别分庭一开庭即是杀人，把镇压与宽大很好结合，起不到分化地主阶级内部的作用，同时助长了某些干部以为法庭只是杀人，达不到杀头条件的分子，就索性不送法庭处理。[3]

三、小结：土改人民法庭的性质、作用及其对未来法制建设的影响

（一）土改人民法庭的性质

从设计初衷来看，处理“土地改革中划分阶级成分的争执及其他有关土

---

[1] 中共江北县委：《江北县关于人民法庭工作的初步总结》，江北县档案馆藏档，全宗号：D类《川东资料》，目录号：701，案卷号：40。

[2] 中共江北县委：《江北县关于人民法庭工作的初步总结》，江北县档案馆藏档，全宗号：D类《川东资料》，目录号：701，案卷号：40。

[3] 中共江北县委：《江北县关于人民法庭工作的初步总结》，江北县档案馆藏档，全宗号：D类《川东资料》，目录号：701，案卷号：40。

地改革的案件”是土改人民法庭的一项具体职责。但作为保卫土地改革胜利完成的特别机关，土改人民法庭的设立还有两个方面的基本考虑：一是惩戒坏分子；二是规范群众的行动。也就是说，人民法庭既要制裁一切反抗土地法令和破坏土地改革的犯罪分子，也要避免群众中出现狭隘的报复行为及其他违反法律秩序的乱捕乱打乱杀行为，这样才能有效地保障土地改革法令的实施，建立并巩固土地改革秩序。《土地改革法》中有三个条文涉及土改人民法庭，分别指出了它的三项主要职责：一是作为划分阶级成分时的申诉机关。该法第31条规定：“划定阶级成分时，应依据中央人民政府颁布的划分农村阶级成分的决定，按自报公议方法，由乡村农民大会，农民代表会，在乡村人民政府领导下民主评定之。其本人未参加农民协会者，亦应邀集到会参加评定，并允许其申辩。评定后，由乡村人民政府报请区人民政府批准。本人或其他人如有不同意见，得于批准后15日内向县人民法庭提出申诉，经县人民法庭判决执行。”二是作为对破坏社会治安的或违犯土地改革法令的恶霸、土匪、特务、反革命分子的惩办机关。该法第32条规定：“为保证土地改革的实行，在土地改革期间，各县应组织人民法庭，用巡回审判方法，对于罪大恶极为广大人民群众所痛恨并要求惩办的恶霸分子及一切违抗或破坏土地改革法令的罪犯，依法予以审判及处分。严禁乱捕、乱打、乱杀及各种肉刑和变相肉刑。人民法庭的组织条例，另定之。”三是作为对破坏土地改革秩序和社会财富者的惩办机关。该法第33条规定：“在土地改革完成以前，为保证土地改革的秩序及保护人民的财富，严禁一切非法的宰杀耕畜、砍伐树木，并严禁荒废土地，破坏农具、水利、建筑物、农作物或其他物品，违者应受人民法庭的审判及处分。”而在1950年7月14日政务院第41次政务会议通过并于7月20日公布的《人民法庭组织通则》中则似乎更强调其镇压反抗、保障土地改革顺利进行的功能。其第1条明确规定为：“运用司法程序惩治危害人民与国家利益，阴谋暴乱，破坏社会治安的恶霸、土匪、特务、反革命分子，违反土地改革法令的罪犯，以巩固人民民主专政，顺利地完成土地改革。”

可见，不同于现代意义上的人民法庭，土改人民法庭是一种特别法庭，是镇压反革命分子和推动群众运动的有力武器。土改人民法庭是“为保障革命秩序与人民政府的土地改革政策法令的实施”而成立的，各地按照中央要求在基层普遍建立起人民法庭，旨在保障《土地改革法》的顺利实施和维护土地改革运动的秩序。这是由特定时空环境下的具体历史任务所决定的。因而

“人民法庭任务完毕已无存在必要时，由省及省以上人民政府以命令撤销之”。其生命随土地改革任务的完成而终结。《人民法庭组织通则》规定：“其性质是县（市）人民法院之民事庭、刑事庭以外的特别法庭。普通民事刑事案件仍由民事庭、刑事庭受理。”另外，对土改人民法庭实行的是双重领导，它不只是单纯地隶属于司法系统，同时还与同级人民政府之间存在隶属关系。《人民法庭组织通则》规定：“县（市）人民法庭及其分庭直接受县（市）人民政府的领导，同时又是县（市）人民法院的组成部分之一。”

（二）土改人民法庭的历史作用

不可否认，土改人民法庭在土地改革运动中发挥着不可替代的作用。在新中国成立初期的土地改革中，“必须解决这样一个实际困难，即地区广阔，情况复杂，新区的政权司法机构还很不健全，如果没有一种能够充分发挥群众革命积极性的组织，作为人民政府对反革命分子进行斗争的得力助手，单凭少数司法工作人员来进行此项工作，政策是无法实现的。人民法庭正可以解决这种困难”。[1] 它吸收群众参加，可以做到发动和组织群众，弥补新中国成立初期我国司法力量的不足。同时，也可以将有限的司法力量集中到土地改革中，给那些违抗土地改革法令的不法分子以强大的震慑，从而减少土地改革中的阻力。正是基于对历史经验和教训的总结以及现实的需要和客观条件的考虑，党和政府才在新区土地改革中创立了人民法庭。应该说，人民法庭在土地改革中“既是先锋队也是后卫”。说它是“先锋队”，是因为人民法庭在很多时候起到了为土地改革开路的作用。在准备土地改革和开始土地改革的地区，群众对人民法庭还没有认识，恶霸地主及反革命分子还未被打压下去，实践中有些地方的群众畏惧于地主阶级的淫威，害怕被报复，不敢起来斗争，运动常常陷于僵局、无法展开。因此，法庭巡回到什么地方，哪个地方的群众就敢于起来控诉，法庭也能及时、迅速和正确地处理案件。人民法庭通过召开公审大会等形式坚决镇压恶霸分子，彻底打垮封建地主阶级的势力，这样既教育了群众，又发动了群众，使人民群众认识到人民法庭是为人民做主、为人民撑腰的，也就不会害怕地主恶霸的威吓了。群众有了法庭替他们撑腰，就能解除顾虑，从而增强他们起来斗争的信心和勇气。说它是“后卫”，是因为它在有力地保障了

---

[1] 新华书店华东分店编辑部：《土地改革手册》，新华书店华东分店1950年版，第106－107页。

土地改革秩序的同时，也能够保障土地改革胜利果实的不被侵夺。人民法庭的设立和运作能在一定程度上起到威慑敌人反抗的作用。另外，土改人民法庭的存在，可以防止农民运动中出现乱吊、乱打现象，可以运用人民法庭引导群众进行合法斗争。应该说，运用一定的司法手续代替群众的直接行动惩治罪犯是有重大意义的。[1]

（三）土改人民法庭“群众司法”的特点及其对未来法治建设的影响

土改人民法庭带有明显的“群众司法”的特征。新中国成立初期的土改人民法庭执法活动的基础亦深深根植于群众之中。只有依靠群众、支持群众、通过群众，土改人民法庭才能有效组建和运作。如果只是坐堂问案，不肯走出大门，不愿听取群众意见，这样的审判只能是主观臆断，其结果只能是严重脱离群众。犯罪事实的调查是否清楚，侦查、审判工作做得好或差都取决于司法机关工作人员深入群众与发动群众的程度，取决于人民群众积极支持和广泛参与的程度。还有，土改人民法庭中有很大比例的审判员和陪审员是各级机关从农民协会或其他农民组织中挑选出来的。《人民法庭组织通则》规定：“分庭的正副审判长及半数审判员由县（市）人民政府遴选。其余半数审判员由设立地区的人民代表会议或人民团体（在农村中主要是农民代表会议或农民协会）选举。”另外，土改人民法庭很多时候采取了公审的方式。在公审前和公审中走群众路线，做了大量动员、宣传和引导工作。“公审成功的地方，主要是依靠群众打得准而且稳。”“分庭与群众紧紧结合在一起，依靠群众，发挥群众力量是其必然要求。”基层土改机关主动地对群众进行了组织和教育，使苦主与证人明白了怎样来说理。公审大会以诉苦大会为依托，引导群众诉苦，揭露地主罪恶和不法行为，以此宣传土地改革运动的合法性和伟大意义，制造土地改革惩治恶霸地主的巨大声势。有些人民法庭对开庭公审恶霸的场所和日子也特别讲究，往往会选择热闹的日子在乡村集市所在地进行，旨在吸引更多的群众参与，强化他们对土地改革及其政策法令的认识，提高群众的政策水平。

应当看到，这种群众司法的优点在于：一是使群众参与审判工作，加强了

[1] 江西省人民法院：《怎样做人民法庭工作》，四川省档案馆藏档，全宗号：D类《西南法院》，目录号：1，案卷号：649。

人民法庭审案过程中同人民群众的联系；二是使人民法庭成为土地改革政策法令宣传的前沿阵地。通过开庭，以案讲法，将生硬的法律知识融入具体的案件中，让农民在旁听案件的审判过程中了解法律、认识法律，不断提高他们的法律意识，让他们懂得如何用法律的武器来捍卫自己的合法权益。

但这种“群众司法”的做法将大批文化程度低下、毫无法律知识的群众引入司法审判，充任生杀予夺的审判员，这严重违反了司法专业化和理性化的要求，极其容易造成冤假错案。以群众直接控诉和大会群众诉苦的方式代替检察官起诉、审判员讯问的方式，尽管能够起到有力地控诉封建地主阶级罪恶的作用，但也往往会因群情激愤的局面难以控制，从而造成极大混乱。再加上人民法庭的设置仓促，相关政策法令还不十分健全，甚至严重滞后于此起彼伏的革命群众运动。

值得注意的是，实际上土改人民法庭的功能设计中将群众的行动纳入法律规制轨道与其坚决打击惩戒坏分子这两项职责间存在着一定的内在冲突。一方面，土改人民法庭可将群众的行动纳入法律规制的轨道，引导群众走向合理合法的斗争；另一方面，为了防止地主阶级的反抗，顺利地开展土地改革运动，必须在政权支持下组织强有力的人民法庭。这样才能在农村树立革命优势，集中力量对反革命的破坏活动进行无情的斗争。但事实上，群众一旦发动起来，往往会突破政策法令的限制，难免会做出一些过激过火的行为。如果过于强调群众行动必须严格遵照政策法令，又往往会严重束缚群众的手脚，使土地改革运动陷于僵局。尽管在各地实践中，对土改人民法庭打击惩戒坏分子的专政工具职责的强调远远超过将群众的行动纳入法律规制轨道的职责的强调，要求人民法庭给群众撑腰，有重点地对那些罪大恶极的土豪劣绅和违抗土地改革法令的地主反革命分子进行严厉的制裁和震慑。而这种重在履行其阶级镇压职能的土改人民法庭也成为威慑地主、宣传教育群众、制造土地改革声势的重要舞台。但是土改人民法庭在很多时候忽视了对群众依照法定程序办事的意识的引导。而法庭运作在人民群众群情激愤的狂热情绪的推动下极易脱离法制轨道，往往会伴随血腥暴力行为，乱打、乱杀行为亦难以抑制，甚至造成大量冤假错案。也就是说，被明确规定为“群众性的执法机关”的土改人民法庭在暴风骤雨式的群众运动中，其功能也更多地指向了对阶级敌人的惩办，亦很难制止各种激进行为的发生。这些都与其本身内含的抑制或缓解暴力的初衷形成了难以解决的悖论命题。

第八章　地权变动后的农村社会变迁

新中国成立前江北县农村的政治形势错综复杂。这里本是国民党政府统治的区域，国民党溃退时又遗留和潜伏了大量的土匪、特务；农村原有政权尚未来得及改造，加上国内经济形势十分严峻，因此新中国成立初期的第一件任务就是“肃清残余匪特、打倒封建恶霸、废除保甲制度，巩固农村的革命秩序”。

首先，西南地区积极开展了废除保甲制度，改造基层政权及民主建政工作。废除保甲制度的办法有两种：一是自上而下地宣布废除；二是由下而上地通过群众诉苦加以改造。各地还纷纷建立了党组织，并划小区乡，召开了区乡农民代表大会，建立乡政委员会，选举乡长。这样，西南各地打破了旧有的以村落为基本社会单位的组成形式，通过行政力量对长期以来形成的家族聚居的社区格局进行干预与组合，促进了“混合的杂居的新的行政格局”的形成。随后，对基层组织进行了整理。经过整理，清洗出了地主富农及其相关人员，淘汰了犯有严重错误的干部。这样大大提高了干部工作的积极性，扩大了农民的战斗队伍，改善了干群关系。

其次，由于西南地区封建反动势力根深蒂固，国民党起义、投诚、被俘人员达90余万人，加上国民党培训的数千名反动特务骨干不断发展匪特武装，使强大的反动封建势力原封不动地被保留下来。因此，“剿匪”是当时西南局面临的一项十分紧迫的任务。1950年2月6日至9日，中共西南局在重庆召开首次会议，总结进军西南以来的四项工作，并讨论今后的形势和任务。鉴于西南地区解放较晚且封建势力根深蒂固等情况，西南局认为，土地改革必须放在清匪、反霸、减租、退押阶段之后在充分发动群众的基础上进行，否则土地是分不下去的。会议通过了邓小平在会议上做的报告，并将其作为今后西南地区工作的指导方针。会后，邓小平集中各方面意见，于12月18日代表西南局向中共中央做书面报告，认为“剿匪”已成为西南地区的中心任务，不剿灭土匪，一切无从着手。

1950年7月，西南军政委员会举行第一次全体会议，决定将实行清匪、反霸、减租、退押作为全区当前的中心任务。为了完成这一中心任务，各省区从8月、9月开始，先后利用总结剿匪、征粮工作和干部整风的机会，召开了干部扩大会议、代表会议等，传达并讨论了这一决议。各省区政府或行署均先后召开了各界人民代表会议，亦以此为中心议题，结合各省区情形，做了详细的传达和讨论，并依各地区具体情况，制定和通过了减租退押补充条例、补充指示或实施办法。各省区还通过开办清匪、反霸、减租、退押训练班，对大量的农民积极分子进行了集训。以此为基础，各省区农民协会的组织亦普遍地得到发展和整理巩固。据统计，这一时期全区受过训练和参加过农代会的积极分子，有250万至300万人，农民协会会员达1000万人。[1] 与此同时，四川四个行政区开始了一两个乡的土地改革典型试验工作，取得了一些经验。鉴于这些情况，加上受到其他行政区土地改革运动的推动和影响，西南军政委员会改变了原来的计划，在1951年1月召开的西南军政委员会第二次全体会议上，通过了《关于加速全区土改的方针政策》，并提出："凡属清匪、反霸、减租、退押运动已告一段落、群众业已发动的地区，应争取在1951年内基本完成土地改革，其余地区可在1952年春及其以后完成。"为此，邓小平多次主持西南军政委员会工作，讨论通过各省区制定的土地改革实施办法或补充规定。各地人民政府依法成立了土地改革委员会，并从城乡抽调干部和农村积极分子组成土改工作队，深入农户广泛发动群众，采取先实验后推广、由点到面、点面结合、稳步推进的办法来开展土地改革。随着土地改革运动的完成，中央和西南地区进一步发出指示，要求各地将工作的重点迅速转到生产、教育和民主政权的建设三个方面，使土地改革后的农村在土地改革胜利的基础上，从经济、政治、文化教育各方面向前迈进，来配合国家与城市经济政治文化建设工作。

一、地权变动后的制度建设

（一）相关制度规范

1.《川东区乡（村）人民政府暂行组织通则》

根据中央人民政府颁布的各级人民政府组织通则及农民协会组织通则之精

[1] 何东等：《中国共产党土地改革史》，中国国际广播出版社1992年版，第392页。

神，并参照川东区农村实际情况制定了《川东区乡（村）人民政府暂行组织通则》❶，其具体内容包括：

（1）基层政权组织的单位及权力机关

人口集中地区，以乡为基层政权组织；人口疏落地区，以自然村为基层政权组织，不设乡由区直接领导，乡（村）以下以八岁以上之农民（不以户）结合为若干人民小组。

乡（村）人民代表大会为乡（村）政权的权力机关，在土地改革的准备与实行期间，以乡（村）农民代表大会（或农民代表会议——简称农代大会，以下同）代行人民代表大会职权，为乡政权的权力机关。乡（村）农代大会由乡（村）农民协会召集之。乡（村）农代大会闭会期间，乡（村）人民政府为行使政权的权力机关。

（2）乡（村）政权机关及其领导

乡（村）人民政府委员会为乡（村）级的政权机关，由乡（村）人民代表大会选举乡（村）长1人，副乡（村）长1人至2人及委员9人至13人组成，并报请区人民政府转报县人民政府批准任命之。唯因本区人民初经发动，县人民政府保有对乡（村）长的撤换与对整个组织的处理权。乡（村）农民协会委员亦有对个别人事的调整权，但须报请然后决定之。乡（村）长及委员的任期为3—6个月，连选得连任，脱离生产人数另定之。乡（村）长主持人民政府委员会议并领导乡（村）人民政府委员会工作及处理必要的日常事务，至于委员会的决议如对当前中心工作有影响或与政策不合，乡（村）长有权否定，如委员会仍有异议得呈请上级政府解决之。副乡（村）长协助乡（村）执行职务。村长由委员兼任或民选产生，但系受乡人民政府的委托，分工指导若干人民小组，并向上反映组织内情况。乡（村）人民政府委员会得根据工作需要设立财粮、民政、文教、治安、武装等各种委员会或仅设委员，有些委员会可暂划归乡（村）农会直接领导，并各设主任委员1人，由乡（村）人民政府委员充任之，委员若干人，由乡（村）人民政府委员会讨论决定之，委员可进一步具体分工，参加乡组之间的村干部会具体研究与贯彻工作。

（3）乡（村）人民政府委员会及其成员

---

❶ 江北县档案馆藏档，全宗号：1，目录号：1，案卷号：23。

乡（村）人民政府委员会每7天开1次会，由乡（村）长召集之，乡（村）长根据需求或1/3以上委员的提议可延期召开之，乡（村）人民政府委员会须有过半数委员出席始通过决定，每次会议，须向上级人民政府做报告。乡（村）人民政府委员的职权如下：①具体执行上级人民政府的决议与命令并汇报工作反映情况。②实施人代会经上级政府批准的决议案，平时并向乡（村）农民协会委员会汇报工作。③根据政策与条件，积极办理乡（村）中的一切应与应革事宜。④统一领导与检查乡（村）政府各部门工作，并主动配合政府部门以外的机关团体开展工作。

2.《中共江北县委关于执行地委巩固和发展宣传网指示的计划》

《中共江北县委关于执行地委巩固和发展宣传网指示的计划》提出结合土改复查、春耕生产、增产节约等中心任务发展宣传员、建立宣传网。建立宣传网的方法主要是：各级领导必须认真重新研究党中央关于建立宣传网的决定和上级党委建网的指示和计划，应在党团员和区、乡、村干部中反复深入地进行传达和动员，制订具体计划，克服轻视这一工作的错误思想；各区、乡应在有党团支部的乡村和区委住地的乡村先行建立宣传网，并要加强对党团员的教育，培养宣传员的领导骨干，不能只盲目追求数量的发展，而采取放任自流的粗糙方法；必须反对小手小脚，不敢大胆放手、一味实验的做法；必须与当前的增产节约、土改复查、春耕生产等中心任务紧密结合，建立宣传网，脱离中心工作孤立地建立宣传网和只顾中心工作忘记了建立宣传网的做法都是不对的；订立与严格执行报告员制度，党委负责对报告员工作做出具体布置，并进行督促检查。县区报告员至少每两个月向人民群众做一次政治报告，每次报告后，立即填写报告员卡片送县委员宣传部。报告员经常了解和领导宣传员进行工作；各区乡都应建立宣传站，由报告宣传员及有传授能力的干部分工负责，至少每半月召开一次党团支书支委、宣传员小组专联席会议，传授宣传内容、宣传要点和宣传方法，分发和讲解宣传资料，各区委应将传授情况按月向县委汇报一次。

工厂、学校、街道有党支部的地方由支书和宣传委员具体领导宣传员，没有党支部的地方，除党委员负责领导外，委托当地青年团支部具体领导。农村以村为单位成立宣传员小组，由区委指定小组长。有党支部的乡由党支部领导，没有党支部的乡除区委托该乡青年团总支具体领导外，区委应指定脱产的乡长（或农民协会主任）配合领导全部宣传员；定期召开宣传员小组长会议和宣传员大会，听取宣传员的工作汇报，并及时布置工作和学习任务。至少每月总结一次前月的学习和工作，制订出今后的学习和工作计划，并将工作总结与计划按月向区委回报，及时表扬模范宣传员，培养典型，推广经验。❶

二、地权变动后的民主建政具体实践

（一）地权变动后的民主建政实践过程

伴随着地权变动运动的结束，对于广大乡村民众来说，他们一方面被共产党从旧社会的剥削和压迫中解放出来，“翻身当家做主人”，另一方面又被编入一个庞大而细密的组织网络，对党治国家形成了更强大的“组织性依附”。土地改革的具体进行有赖于一些专门性的机构，如各级土地改革委员会、土改工作队、农民协会等。尽管这些机构种类、名目繁多，权力来源、职责权限、组织形态也各有不同，但它们都在土地改革实践中扮演着重要的角色。比如，土地改革委员会成立后，其一项重要工作是抽调乡村农民积极分子和革命知识分子以及其他领域中的优秀分子，加以集中训练，编成土改工作队。经过培训后的工作队，被派到乡村基层，肩负着具体发动、组织和领导土地改革的任务。按照要求，工作队应随时向上级和当地领导机关——土地改革委员会通报、汇报工作，承担着在乡村基层社区贯彻党及国家政策和上级任务的重任，成为国家权力在乡村社会的代言人。农民协会则因其阶级优势成为土地改革的具体执行机关，在工作队的指导下开展工作。但是随着大规模土地改革斗争的完成，土地改革后，整理组织的目标集中到了生产上。农民协会等基层组织活动减少了，缺少明确的工作内容，有些农民认为可以不要农民协会了，并有“土改结束，农会歇搁”“土地分到家，农会不参加”的反映。有的几乎停止了活动。

鉴于基层组织这种松散混乱的状况，江北县开展了民主建政工作。工作紧紧围绕搞好生产展开，以搞好冬季生产、准备好明年大生产、整理互助组织为主。其安排是在复查的第一、第二等类型村以做好建政工作为主，结合处理好

❶ 《中共江北县委关于执行地委巩固和发展宣传网指示的计划》，江北县档案馆藏档，全宗号：1，目录号：23，案卷号：1。

复查遗留问题；第三类型村是以做好土改遗留问题为主，结合完成建政工作，建政工作是在1952年12月进行，县重点试建设于1953年1月普遍展开。13个区1个镇（计划划151个乡、5个镇）中，截至12月11日，有1、2、5、6、81、12、13等区重点建政已结束，其余几个区的重点建政表现正在划村划居民小乡，选举代表准备召开乡人民代表会的工作，1953年1月全部普遍进行，在1953年2月15日以前完成。[1]

运动基本分为三个阶段：第一阶段是总结生产工作，庆祝丰收，了解干群思想、原有组织情况，正面宣传建政意义，控诉旧政权，统一提高干群对建政认识，结合贯彻代表会、乡政府组织法，进行批判与自我批判教育，准备民主检查，在宣布划乡的代表大会上，正式成立建政筹备委员会，进行建政筹备工作。第二阶段是围绕生产工作，通过检查修订爱国公约与冬季生产计划，继续大力贯彻批判与自我批判教育，自上而下、从乡到村展开民主检查，解决问题，改善领导方法，结合整理组织，划分选区，产生代表。第三阶段是动员准备秋收，开好代表会议，建立新政府，成立各部门组织，订立制度和工作计划，接受任务，建政运动基本结束，工作重点指向秋征。总的来说，民主建政采用自上而下的动员方式，直接目标是整顿干部作风和组织生产，提高干群的民主认识和工作热情。此外，土地改革之后进行了秋季生产备荒工作，开展了批评运动，选举了劳动模范。在劳动模范会议上布置生产，动员整理组织。在已实行土地改革的乡村，组织农民在诉苦过程中审查干部，发现、培养积极分子。在农民中宣传“搞好秋征工作办土改”，使秋征工作迅速顺利地完成，同时涌现出大量的积极分子，既考验了干部，又扩大了农民队伍和民兵组织，并很自然地转入整理组织。

整理组织的步骤，可分由乡到组和由组到乡两种。整理组织的方式分行政调动、撤换，提拔与提名通过和民主选举三种。一般行政上处理的较少，提名通过的较多，民主选举的最为普遍。民主选举重点在乡，村内一般不选举，但也有在村农民协会会员大会或贫雇中农大会上选举的。组干大都在会员小组中推选出来。由于乡选在农民大会上进行，因此审查乡农民代表就成为乡选的先行步骤。农民代表一般是以各行政村或各自然村为单位，规定代表名额，由农

[1] 《江北县委关于民主建政土改复查镇反摸底工作报告》，江北县档案馆藏档，全宗号：1，目录号：23，案卷号：1。

民直接普选产生。乡选即由乡农民协会委员和乡行政委员在各村推出候选人，通过农民代表大会选举，或直接由农民代表产生。通常是，先通过召开农民代表大会进行选举教育，宣传乡人民政府的组织法、选举人的权利及被选人的条件、选举人的权利和义务等。在候选人的产生上，则是先物色个别对象，事先提高对象的威信，再采取个别漫谈，说明候选人的条件，使预先的安排变为积极分子的意见。之后召开积极分子会议，以漫谈好的积极分子为核心团结其他到会的积极分子，意见统一后即将全部积极分子推到各组中，和代表进行漫谈，使代表和积极分子的意见一致。然后按保推出候选人，在大会上做自我介绍，参会人员举手通过，然后再进行决选。

以江北县第一区为例，民主建政过程通常遵循以下步骤：①开会宣传。结合中心工作召开村干部、团员、党员、妇女及各界人民代表会议，讲明民主建政的意义和目的，并运用社会力量在各村和街上进行宣传。群众对民主建政起初是没有想法的，来区开会的村干部有的认为要历史清白才能建政，有的认为民主建政是换班的机会到了，如崖峰乡（原礼嘉十五村）村长陈兴源说："安逸了，不要村长我也推得脱了。"②建立建乡筹委会。建乡共四个，是以礼嘉乡新划崖峰乡为重点进行。现在四个乡的建乡筹委会均全部成立。以崖峰为建乡的重点，居民小组的划分一般采取以等有邻为基础，个别进行调整，进行得比较顺利，只是村与村之间的插□地主，群众是有些顾虑，如鸳鸯七村（一、二组）刘在崖峰，该两组的组员怕划到崖峰去提高产量和成分。又如该乡十村徐中贤说："要划一起划，光划那几个邻把我们丢在二村当俘虏，那我就不干。"其他怕人不熟打条子不便宜，村干部□对很恼火，后来经过进一步的宣传教育，纠正了无原则的个别群众的错误思想。③选举居民代表（组长）。这个工作在思想上是比较明确地认识到这次建政工作和整理组织的一个环节，如崖峰这次掌握了干部和群众对居民代表的产生有什么想法，并冷静地分析了当前的情况，针对这一情况对干部和群众又进行宣传教育，在全乡召开了扩大村干部会议进行动员，并批判了换班思想的危害性，同时肯定了三年来村干部在各个运动中的作用和成绩，因此村干部纷纷表明态度要回村争当代表。会后召开了党团员会议，说明了党团员在农村的拾□作用，要求每个党团员应保证这一工作胜利完成。如该乡十四村党员□□元同志到村召集了主要干部研究如何选出十个代表，结果十一个组长有十个中选，且都是原任村干，只有一个是新选的积极分子。④结合催交果实，改选村政委员。现全区已成立村人民政府的有8个保，一般是由干部了解积极分子，经农会小组正面讨论，提出候选名单，再进行大会选举表决。[1] 大石乡在改选时，提出当选村政委员的四个条件：工作积极；成分中农以下；大公无私；立场坚定。农会队伍整理不够，犯了一些错误，如中农路线，礼嘉个别保农民狭隘的小宗派地域观念，评本保低些，外保高些。干部王永文同志，也错误地认为本保低些，农民才会积极，现已检讨纠正，有的佃户对地主斗争有顾虑。[2]

又如，在第一区鸳鸯乡第六保，民主建政遵循了以下步骤：①组织建乡等委员会展开宣传教育。②村划居民小组选举代表，结合酝酿群众全体的负责人。③成立乡常代会以确分工。之后开展了选举村政权的工作：六保于10月29日减退工作组到达后，进行一切减退工作的调查了解和整顿农会，由此，保甲长名目未取消，实际上已不做事情，村中一切大小事都由农会处理，在减租退押过程中已涌现一些公认的积极分子，开展减租退押说理斗争大会以后，伪保长陈信孚在政治上、经济上都受到很大打击，并且，农民亦有当家做主人的要求，于12月13日正式选举村政权，选举前经过农会小组再三讨论提出候选人名单在大会上通过，在讨论开始时，有部分农民认为担任村长得识字，或家中人多，后来经过几次的启发诱导，才打消了上述思想，提出候选人名单。在选举时全村244户，除地主（四大户）外，每户都有人到场，有过去在农会任干部时做得不好的十几个人，因群众未提他们为候选人，打算在会场捣蛋，提出不同的意见，使选举不能胜利完成，在开会前由工作组同志把选举的意义和选举的方法讲清，明确说明大会选举是通过候选名单不是讨论会，赞成者举手，不赞成者即不举，经过讲话后打算捣乱的几个人也举了手，一致通过。选出村干部后，中心学校献旗，保校学生献花，工作组宣读祝贺词，村长致答词，并在致答词中表示在全村人民协助及监督下根据上级批示，努力开展全村各种建设工作。会后群众情绪很高，有的说今天穷人当了村长，要给穷人办事，过去的保甲长是给地主做事。这个会在选举前有的地方未和农民讲清，如在选举时，有的妇女说：我已经举过一次手，为什么老是举手呢？在选举了村政权后，开始筹建村政府组织。根据江北县委批示，村可算一级政府，可选

[1] 《江北县第一区第十二月总结》，江北县档案馆藏档，全宗号：180，目录号：1，案卷号：1。

[2] 《江北县委关于民主建政土改复查镇反摸底工作报告》，江北县档案馆藏档，全宗号：1，目录号：23，案卷号：1。

村政府委员会，其分工为村长、副村长、民政、财经、治安、文教和生产等委员，依上述指示执行，共选出委员7人，各委员的成分为中农2人、贫农5人，各部门根据工作情况设干事若干人。[1]

（二）民主建政过程中存在的问题

首先是干部思想上存在混乱。由于村干部本身存在不少的问题（如贪污、作风恶劣等）及受到“三反”“五反”的影响，因此刚开始宣传建政时村干部对此没有明确的认识，因而思想混乱，顾虑多，有“六怕”“三不负责”。“六怕”即怕建政时选掉了，遭群众耻笑；怕建政坏人钻空子；怕清算；怕三反；怕一律更换；怕受处分。“三不负责”即松劲换班；要被选掉了，不如自己先不干好；认为把这几天建政搞完就也不搞了。还有的干部如七区仁睦乡四村曹村长认为建乡就是“三反”，因而在干部会上交代了贪污问题、回村向群众做了检讨。还有的村干部说过去没分果实时都未记账，现在自己交不出账来。过去土改中吊打过人的怕在这次建政中受到处分，如四区一个邻长说：“建政即是向村干部专政，我不干了。”十二区一个村长思想有顾虑，回去了不敢宣传民主建政。类似以上情况是很多的。[2] 此外，在土地改革时期部分基层干部的自私自利、行贿得贿现象较为普遍，甚至有个别立场不稳的被收买拉拢、包庇地主，有的在土地改革中因未分得土地或反被抽出土地，则工作消沉、情绪低落。还有个别干部在分配土地、房屋、家具等问题上，不通过群众讨论而擅自包办，党员大部分都多得、得好，引起群众普遍不满，党群关系恶化。

此外，脱产干部还存在松劲思想。在江北县第三区有下列三种类型：①对工作不深入，问题只一知半解；②对工作考虑不周全，不细心研究；③对学习没有信心，干部同志中有这样思想的占50%。针对以上情况，应很好地开展宣传教育工作，对村干的松劲思想进行纠正。存在松劲思想的干部占40%。有的干部认为，干部遭了不少的骂，也得罪了不少的人，土地改革胜利了，我们得搞生产，如乐碛碑回村村长幸礼清什么也不管了，自己去做生意，征粮也不管不问；又如乐碛新湾村8组王树云说：“我干了很久，分果产与群众一样

[1] 《江北县第一区鸳鸯乡第六保减租退押材料》，江北县档案馆藏档，全宗号：180，目录号：1，案卷号：7。

[2] 《江北县委关于民主建政土改复查镇反摸底工作报告》，江北县档案馆藏档，全宗号：1，目录号：23，案卷号：1。

分，让他们来干几天试试。”但也有部分干部认真搞好工作，积极表现自己：如五宝乡和平村村长李海洲从成立农民协会就当主任，后改选为村长，到现在还是继续努力工作，没有松劲；又如该项村主任胡宗方、四保村人民武装队长丁建富、乡治安员赵成发，土地改革完成后，工作上一点儿不松劲，并光荣地加入了青年团。❶

三、地权变动后的乡村社会权力变迁

（一）地权变动中的积极分子、乡村干部成为新的国家代理人

地权变动运动结束后，一个显著的变化在于地权变动中的积极分子、乡村干部成为新的国家代理人。土地改革的总路线是“依靠贫农、雇农，团结中农，中立富农，有步骤地有分别地消灭封建制度，发展农业生产”。作为土地改革的依靠对象，贫雇农具有政治上的优势，因而也成为农民代表或干部的主要来源。在共产党主导的乡村社会变革中，国家权力向乡村社会空前扩张，管理乡村社区的权力转移到由传统边缘人物组成的新型政治精英（党员和干部）手中。

总的来说，通过土地改革运动，一般基层干部都经历了多方面的考验和锻炼，很多干部被提拔。新提拔干部的标准通常为：长年劳动，为人正派，与群众有联系，与地主无联系；工作积极，有事与群众商量，全心全意为人民服务；坚决执行政策法令。在提拔方式与手续上，由小组讨论酝酿干部条件，在成熟的基础上召开大会，实行民主选举产生；通过群众、组织讨论进行审查、教育，实行民选，上级批准。一般是先发现与培养积极分子，进而注意对象培养，启发觉悟，提高认识，并采用师傅带徒弟的办法，在布置工作中再进行检查并教育，结合贯彻整风，用量与比的办法，做到发扬与批评相结合，在逐步提高教育的基础上再进行认真培养。但个别区乡在选举新干部时，产生了票数不符等舞弊现象，有些地方不大相信群众，或调查不全面、检查不彻底，且满足于个人见解或推测，故在改选新干部中仍发现有个别成分不纯（包括伪人员等）或不合新干部条件与标准的，激起群众反对或不满。

---

❶ 《江北县第三区民主人士总结》，江北县档案馆藏档，全宗号：1，目录号：1，案卷号：14。

新提拔的干部一般对工作都很积极，能够认识到自己被选为干部，应该替大家做些事情，所以在某些地方尚能做到大公无私，或有事与群众商量，因而与群众联系紧密；缺点是因素质低，政策法令观念差，爱面子重虚荣，经得起表扬，却经不起批评。因此，在宣传教育时应强调选举干部的意义，克服干部中怕当干部、事不关己的思想。当选干部的条件一般是“成分好、立场稳、联系群众、大公无私”，有的还提出“生产积极，肯检查错误和肯改正错误”等条件。这些大都易为干部群众接受，也有一些乡村提出“历史清白、不犯错误”的口号，造成了执行困难。在选举以后，一方面召开新干部会议，讨论分工，建立制度，积极准备土地改革工作；另一方面召开落选干部会议和个别谈话，加强教育，要求其继续为人民服务。对错误轻微并表示悔过的干部，降级使用；对错误严重、态度恶劣的干部，要求其在土地改革斗争和农业生产中立功考验。江北县第一区土地改革运动中培养积极分子与干部的统计表、农民协会干部统计表和江北县第三区各乡村政农业干部登记表分别如表 8－1、表8－2 和表 8－3 所示。

表 8－1　江北县第一区土地改革运动中培养积极分子与干部统计表❶

项目 数目 乡别	培养积极分子			培养干部数									
				村农会数			村政			乡公所			培养脱产干部
	男	女	合计	主任	委员	合计	村长	委员	合计	农会主任	乡长	合计	
大石	100	65	165	14	21	35	14	49	63	1	1	2	4
石坪	199	95	294	22	74	96	21	82	103	1	1	2	3
礼嘉	302	125	427	30	112	142	30	98	128	1	1	2	12
回兴	129	23	152	20	97	117	21	82	103	2		2	8
龙溪	76	38	114	22	85	107	21	78	99	1		1	9
人和	36	8	44	38	138	176	32	109	141	2	1	3	7
鸳鸯	87	54	141	44	154	198	34	127	161	2	3	5	74
合计	929	408	1 337	190	681	871	173	625	798	10	7	17	117

❶ 江北县档案馆藏档，全宗号：180，目录号：1，案卷号：5。

表 8－2　江北县第一区农会干部统计表❶

类别／数目／成分	原有						现有						备注
	主任		委员		小组长		主任		委员		小组长		
	男	女	男	女	男	女	男	女	男	女	男	女	
雇农	40	1	103	3	145	5	54		103	6	156	7	
贫农	95	7	282	44	660	138	110	5	278	67	738	167	
中农	48	1	134	32	312	99	17	3	163	37	253	84	
富农	1		2		1								
小商贩			2		8				5	2	4	2	
手工业工人	2				8	4	1		7		14	6	
其他者	3				5	1			11	3	9		
合计	189	9	523	79	1 139	247	182	8	567	115	1 174	266	

表 8－3　江北县第三区各乡村政农会干部登记表❷

数目／乡别	村政府干部数												农会干部数												村政农会
	村长				委员				邻长				主任				委员				组长				
	佃农	贫农	中农	合计	佃农	贫农	中农	合计	佃农	贫农	中农	合计	佃农	贫农	中农	合计	佃农	贫农	中农	合计	佃农	贫农	中农	合计	合计
张关	1	10	1	12		32	4	36	2	49	1	52	1	11		12		28	6	34		53	1	54	200
太洪	1	11		12		26	7	33	1	57	1	59	1	11		12		31	4	35		59		59	210
五宝		16		16	1	34	9	44	5	98	9	112	3	12	1	16	4	41	10	55	6	102	4	112	355
乐碛	5	17		22	2	49	20	71	6	111		117	8	16		24	11	75	12	98	5	118		123	455
合计	7	54	1	62	3	141	40	184	14	315	11	340	13	50	1	64	15	175	32	222	11	332	5	348	1220
村长及主任合计总数						126			邻长、组长合计总数						688			村政和农会委员合计总数							406

（二）农民参政议政情绪高涨

地权变动后的另一个变化在于，乡村工作变得容易开展和贯彻。建政前乡

❶ 江北县档案馆藏档，全宗号：180，目录号：1，案卷号：5。

❷ 江北县档案馆藏档，全宗号：246，目录号：1，案卷号：7。

里把工作布置给村干部，然后再贯彻到群众中去，至少需要1天时间，光召集村民会也得半天。建政后代表们回去很快就把选区居民召集起来，几个代表一碰头，工作就贯彻下去了。具体表现为：一是农民自觉程度提高，认识到农民协会是替农民办事的机构，纷纷加入农民协会，江北县第一区礼嘉乡贫雇农入会情况如表8－4所示。二是在政治上、经济上打垮了地主，地主过去作威作福的气焰已被打击下去，他们见到农民不敢再进行侮辱，而且现在地主的一切活动都受到农民的严密监视，做什么事都要经过农民协会准许，过去人称“陈大老爷”的伪保长陈信孚现在已下田做活路。三是推翻了封建的保甲制度和旧武装，建立了人民政权和农民武装。保甲长基本上已垮台，一切大小事务都由农民协会处理，经过斗争后，江北县第一区鸳鸯乡第六保的封建保甲制度彻底打垮，即正式选举了村政权。旧武装在解放后被完全取消，枪弹被公安局收去，地主家中埋藏的长枪大刀都被收集起来。减退开始，农会经过整顿后，农民要求组织武装、保卫果实，区公所根据农民要求发给步枪9支（子弹180发），农民得到大枪后，爱如珍宝，吃饭睡觉时刻不离，农民们互相争着背，在开各种会议时，他们都背着枪，以示农民伟大。四是农民情绪高涨。六保农民向地主开展了说理斗争大会后，他们在政治上、经济上翻了身，因而农民的情绪很高（见表8－5、表8－6、表8－7）。[1]

表8－4　江北县第一区礼嘉乡贫雇农入会情况调查表[2]

项目 / 数目 / 乡别	贫农		雇农		应入农会		已入农会		已入会占应入会比重（%）	备注
	户数	人口	户数	人口	贫农	雇农	贫农	雇农		
礼嘉	1 034	4 307	162	309	2 592	270	2 144	215	82.4	
合计	1 034	4 307	162	309	2 592	270	2 144	215	82.4	

[1] 《江北县第一区鸳鸯乡第六保减租退押材料》，江北县档案馆藏档，全宗号：180，目录号：1，案卷号：7。

[2] 《江北县第一区鸳鸯乡第六保减租退押材料》，江北县档案馆藏档，全宗号：180，目录号：1，案卷号：7。

表 8－5 江北县第一区土改后人民武装统计表❶

类别 数目 成分	总人口			应入会数			现有会员数			应入会数占总人口比重（%）	现有会员数占应入会数比重（%）	原有人民武装数			现有人民武装数			枪支	弹药	备注
	男	女	小计	男	女	小计	男	女	小计			男	女	小计	男	女	小计			
工人	340	290	630	210	177	387	107	63	170	61.5	33	43	18	61	28	10	38	1 025	11 223	
雇农	1 643	404	2 047	1 577	250	1 827	1 577	225	1 802	89.2	86.3	333	27	360	320	25	345			
贫农	14 948	12 830	27 778	9 111	7 596	16 707	7 746	6 091	13 837	60.1	82.8	989	523	1 512	912	559	1 471			
中农	12 467	11 648	24 115	7 655	6 924	14 579	6 107	5 208	11 315	60.5	84.4	762	432	1 194	710	472	1 182			
富农	2 251	2 215	4 466																	
小土地出租者	1 277	802	2 079	23	34	57	18	28	46	57.5	80.7	3		3						
小商贩	715	1 134	1 849	541	443	984	369	316	685	40.8	70	21	21	42	20	15	35			
手工业工人	1 298	11 611	12 909	334	293	627	235	197	432	26	70	14	12	26	13	8	21			
贫苦知识分子	193	118	311	109	30	139	96	24	120	44.7	90	1		1						
兵痞流氓	53		53																	
旧保甲人员	743		743				89		89			3		3						
旧军官	23		23																	
自新土匪	8		8																	
合计	35 959	41 052	77 011	19 560	15 747	35 307	16 344	12 152	28 496	45.8	37	2 169	1 033	3 202	2 003	1 089	3 092	1 025	11 223	

❶ 江北县档案馆藏档，全宗号：180，目录号：1，案卷号：5。

表 8－6　第三区农民积极会员统计表

项目 / 数量 / 成分	原有数			发展数			现有数			备注
	男	女	合计	男	女	合计	男	女	合计	
雇农	183	34	217	49	21	70	232	55	287	
贫农	5 842	4 980	10 822	1 451	1 493	2 944	7 293	6 473	13 766	
中农	1 990	1 572	3 562	411	589	1 030	2 401	2 161	4 562	
手工业工人	791	495	1 286	311	204	515	1 102	699	1 801	
其他	121	47	168	32	170	202	153	219	390	
总计	8 882	7 128	16 010	225	2 477	4 731	11 136	9 600	20 736	

表 8－7　第三区农民武装统计表

项目 / 数量 / 成分	原有数	发展数	现有数	武器		备注
				枪支	评分	
雇农	26	34	60	22	193	
中农	143	243	386	90	602	
贫农	387	808	1 205	221	2 014	
手工业工人	20	22	42	64	947	
其他	239	28	267	73	117	如小贩、小土地出租者
合计	815	1 135	1 960	520	3 873	

四、地权变动后的农民思想及阶层结构变化

（一）地权变动后农民的思想变化

在宣布进行土地改革后雇贫农是很高兴的，如二区龙兴乡一农民协会主任是雇贫农，听说要进行土地改革，当天晚上高兴得一夜未睡觉；有的乡听说土地改革后，提出保证提前完成夏征任务。但也有一些不正确的想法存在：认为封建势力打垮了，该杀的杀了，该管的管起来了，因此，即产生一种急于分田、和平分田的思想；不理解“不动中农、保护富农经济”的思想，要求打乱平分，有的说中农、富农的土地不动还分啥子，我们怎么翻身。还有的说，把中农、富农的财产拿出一点来分分也可，也有的想提高成分；因我们宣传教

育不够，也有个别的没认识到分田是自己的事情，以为是政府的事、干部的事，对土地改革是合理合法的认识不足，因此产生依赖思想，如四区一农民代表说工作同志哪天到即哪天分田。

中农思想情况如下：由于我们对“团结中农、坚决不侵犯中农利益”的宣传不够深入，贫雇农要求打乱平分，所以中农产生了顾虑，生产怠耕，甚至不施肥料。二区一个自耕中农有30石谷子，自己拿出25石交给农民协会分，说自己种5石即可。七区静观乡开雇贫农会议时，一中农邻长即召开中富农会，当时问他们开什么会，他们说是讨论生产，后被制止。还有的中农说：“中农、富农团结起来，贫雇农起来也不怕。”产生以上问题的主要原因是对中农的团结教育不够，引起了中农的恐慌。

地主一般来说是老实的，但是也有个别、少数地主进行造谣破坏，威胁群众，如一区有一地主，还向佃户收租子，并说：“田还是我的，你们谁分我的田，我就和谁拼了。”地主分散财产是较普遍的现象，因此土地改革刚开始，即进行了反破坏、反分散。二区对几个分财产的大地主进行了斗争。[1]

此外，土地改革后群众中存有以下几种思想：①结束思想：有些村子中的群众对工作没有干劲了，认为开了庆功大会工作就结束了，没有别的工作，自己就好好搞生产，所以一般都盼望早开庆功大会；②换班思想：部分村干部认为该换班了，如二村村长吴达成、三村村长白树全、七村粮食主任白树全，尤其是白树全说“刀放我头上，我都不干了”；③只想搞生产不愿干其他工作：不少干部连同会员思想都麻痹了，自己只在自己的田上打算，只想把生产搞好，明年生产才会增加，所以对其他工作都漠不关心；分果实后群众认为没有什么东西可分了，不愿干了，这种思想在中农中表现得最厉害，如三村中农陈国平说：“我没有分到啥子，还要把我的房子划四间给他们，我从此不来开会了。”二村中农郑树全说：“说缺啥子登记啥子，结果样都没有分到，我还干怎么?”地主一般都不会老实赔给农民钱，如三村地主郑子瞻说：“你们分给我的田，我种不完，佃给你们种吧！不然荒废了，我租给你们，不要租子，只要你们完公粮。”又如，七村地主张吉全一心只想去重庆万县自己开的药号，不愿参加劳动，更不愿种田。[2]

---

[1] 《江北县土改工作情况报告》，江北县档案馆藏档，全宗号：1，目录号：1，案卷号：1。

[2] 《江北县委关于土改工作进度与第五步工作情况报告》，江北县档案馆藏档，全宗号：1，目录号：5，案卷号：1。

（二）地权变动后农村阶层地位的升降

江北县地权变动后，由于土地调整及经济基础、劳动力等因素的差异，农村阶层结构发生了变化，如表8－8、表8－9所示。

表8－8　大石乡各阶层分得果实统计表❶

项目	木床（个）	桌子（根）	凳子（根）	椅子（根）	立柜（口）	被盖（件）	砖子（筑）	衣服（件）	粮食（市石）	人民币（元）	箱子（口）	杂物（件）	房屋	
													瓦	草
地主													419	67.5
小土地出租者													61	51.5
富农													160	35.5
中农	13	22	52	38	21	3	1	197			15	364	601	239
贫农	9	90	239	90	121	58	44	1162	8.4		130	1538	283	196
佃富农		2											43	11
佃中农	24	38	86	82	64	22	3	1766			53	582	776	407
佃贫农	143	230	327	201	329	270	185	4140	18.91		350	2450	1013	4 685
雇农	117	135	533	74	153	108	104	1570	9.88		161	1321	226	8
小商	4	8	12	16	8	3	4	79			10	30	55	3
自由业														
工人	2	12	30	41	2		16	200			2	321	60	8
贫民	24	34	36	34	36	25	5	369	3.45		48	13	8	4
其他	4	22	94	34	5						3	91	2	2
合计	340	593	1 409	610	739	489	362	9 483	40.64		772	6710	3707	5 717.5

❶ 江北县档案馆藏档，全宗号：222，目录号：1，案卷号：1。

表 8-9　江北县大石乡各阶层土改前与土改后占有房屋情况统计表❶

项目 / 数字 / 阶层	土改前占有房屋			%	土改后占有房屋			%	备注
	瓦房	草房	合计		瓦房	草房	合计		
地主	2231	602	2833		398	63	461		
兼地主	60	23	83		21	4.5	25.5		
小土地出租者	125	86	211		61	51.5	112.5		
富农	200	61	261		160	35.5	195.5		
中农	60	259	319		601	239	840		
贫农	261	204	465		283	196	479		
雇农	3	14	17		226	8	234		
佃富农	5	13	18		43	11	54		
佃中农	203	172	375		776	407	1183		
佃贫农	123	224	347		1013	468.5	1481.5		
祠庙会占地	86	30	116						
其他	28	14	42		125	19	144		
合计	3 385	1 702	5 087		3707	1503	5210		

总之，经过地权变动，江北县贫雇农分得土地，随着农业生产的恢复和发展，农村中的阶级阶层起了一定变化，中农数量日渐增多，贫农、雇农数量日渐减少。但阶级变化主要是土地再分配的结果，其实质是总体经济状况不变情况下的平均化，而非生产力水平的大幅提高。据 1954 年对全国 21 个省 14 334 万户农家的调查，从土地改革结束到 1953 年年底农村阶层构成的情况如下：社员户占 4.2%，贫雇农由占总农户的 57.1% 下降为 29%，中农由 35.8% 上升为 62.2%，富农则由 3.6% 下降为 2.1%，原地主由 2.6% 降为 2.5%。总的来看，“由于党对农村工作进行了正确的领导，全国解放后几年来阶级变化的基本点不是向两极分化，而是向中间集中，中农在农村成了中心人物”。❷

❶ 江北县档案馆藏档，全宗号：222，目录号：1，案卷号：1。

❷ 莫曰达：《我国农业合作化的发展》，中国统计出版社 1957 年版，第 31、38 页。

五、小结：地权变动后农民的身份转变及社会心理变化

费孝通将农村社会的特征表述为“差序格局”，在这种“差序格局”中，人们之间社会关系的远近、亲疏受到血缘和地缘尤其是血缘的影响。❶ 也有学者认为，形成中国传统社会关系差序格局的基础，实际反映了一种中国农村社会中对稀缺资源进行配置的方式或格局。❷ 伦理本位给日常乡村生活罩上了一层温情脉脉的薄纱，村民之间存在着从农业生产、砌房造屋到婚丧嫁娶的广泛的互惠合作，甚至对于平时的食物也礼尚往来。由于生存空间的限制，村落里也是吵吵和和，构成了一种高度紧张而又微妙的平衡。阶级划分正是在这些特征中找到了契机—生存伦理，强调经济利益的不平等，从而打破了原有的“和谐气”。❸

这些看法与共产党所提出的因地主的剥削压迫致使农民长期贫穷的因果链之间有较大的差距。因此，运动一开始，很多农民不愿进行阶级斗争。有些农民认为地主也是有良心的，不应该被斗争。有些农民则是因为害怕将来“变天”被报复而不敢起来斗争。而作为外来力量进入乡村的共产党，通过广泛开展诉苦运动，启发农民的阶级意识，使农民“找到穷是如何来的原因，认识到两个阶级到底是谁养活谁”的道理。这样，在土地改革过程中，共产党成功地向农民灌输了阶级的观念和思维方式，使农民在自己的切身体验的基础上通过话语形成了抽象的阶级范畴。在随后开展的划分阶级成分运动中，农民在共产党的领导下，依据农村居民在新中国成立之前拥有的土地与财富的多少以及有无剥削和剥削的程度，将所有农村人口划分为贫雇农、中农、富农和地主等阶级成分。

❶ 费孝通：《乡土中国生育制度》，北京大学出版社 1998 年版，第 26 页。

❷ 孙立平：《“关系”、社会关系与社会结构》，《社会学研究》1996 年第 5 期。

❸ 张一平：《地权变动与社会重构——苏南土地改革研究（1949—1952）》，复旦大学博士论文，2007 年。

第九章　总体评价

一种社会变革的发生，总是有其特定原因的，发生在新中国成立初期的规模宏大的土地改革运动更是如此。在经济方面，土地改革废除了封建剥削的土地所有制，铲除了延续两千多年的封建统治的经济基础，实行农民土地所有制，实现了“耕者有其田”。土地改革以经济变革的面目发生，从而实现了地权的变动。与此同时，从社会关系方面看，它废除了乡村宗法社会的经济基础，使封建地主作为一个阶级被消灭、农民在经济上脱离了对地主的依附关系而成为平等的且具有独立人格的人。在政治方面，土地改革则改变了农民的政治地位，改变了农村的政治结构，为新中国成立初期新型的农村基层组织政权的建立奠定了基础。从现代化的角度来看，它重构了国家与乡村的关系，强化了国家对农村的整合。❶ 但是，新中国成立初期的地权变动过程中也暴露出了大量的问题，并对后来中国社会发展及其法制建设产生了诸多不利的影响。

一、地权变动与农村经济发展

一般认为，中央的土地改革政策整体上是明确的，各级领导机关也能够认真贯彻中央及上级的指示精神，明确各项具体工作任务、深入具体地开展工作，做到了及时发现问题并解决问题。因此，新中国成立初期的土地改革运动是中国历次土地改革中进展顺利、效果最好的一次。

薄一波同志在《若干重大决策与事件的回顾》一书中论及新中国成立初期土地改革时，也指出：“通过土改，不仅使广大无地少地的农民分得了几亿

❶ 汪志强：“新中国土地改革对构建政治新秩序的影响”，《长江论坛》2004 年第 6 期。

亩土地和其他大量生产资料，每年不必再向地主交纳几百亿斤粮食的地租；更加重要的是，比较彻底地摧毁了封建土地制度，挖掉了民族贫困落后的一条重要根子，解放了农村生产力，巩固了工农联盟和人民民主专政，为国家工业化和农业的社会主义改造创造了有利条件。”❶

杜润生同志也认为：“第一，土地改革结束了中国农村延续千年的不合理的土地占有关系，使得中国农村的经济面貌发生了根本变化。第二，广大农民从封建土地关系的束缚中获得解放，生产积极性大大增强，从而有力地促进了社会生产力的发展。第三，由于土地改革的完成，地主阶级作为一个阶级来说已经被消灭，进而铲除了帝国主义、封建主义和官僚资本主义在农村的社会基础，从根本上结束了中国社会的封建制度。广大农民的政治地位发生了根本变化，人民政府得到亿万翻身农民的信仰和拥护，乡村政权进一步健全和巩固，工农联盟得到了加强。此外，土地改革还有力地配合了当时的抗美援朝、镇反、‘三反’‘五反’等运动及各条战线的民主改革，在巩固新中国人民民主政权的斗争中发挥了重要作用。”❷

同时，也应当注意到，新中国成立初期的土地改革是以无偿剥夺地主土地分配给农民的方式开展的，其所建立起来的土地私有制度本身具有过渡的性质。到了集体化时期，土地被迅速地收归集体所有，甚至有人认为，新建立的土地制度转瞬即逝而为历史的车轮所碾过，经历短暂的停留历史即进入下一个轮回。随着社会主义改造运动的进行，对土地享有完整产权的农民又逐渐被引导走上了合作化道路，农村的农民土地私有制相应地转换为集体所有制，经过互助组、初级合作社到高级合作社三个发展阶段，至 1958 年，“政社合一”的人民公社制度在全国农村普遍建立起来，并一直持续到 1978 年甚至更长时间。刚刚获得土地的农民即丧失了对土地完整的产权，土地改革的分配结果随即消失不见，其相关的政策法令被迅速地抛进了历史的回收站。

土地改革完成以后，国家形成了对“地权”的过度占有，国家从农民处取得的地权收益并未减少。地租的取消在一定程度上减轻了农民的负担，但是国家又以要求耕地农民交纳公粮的形式索取土地权益，这对实现土地经营的多

---

❶ 薄一波：《若干重大决策与事件的回顾》上卷，中共中央党校出版社 1991 年版，第 111 页。

❷ 杜润生：《中国的土地改革》，当代中国出版社 1996 年版，第 559－578 页；李成瑞：《陈云经济思想发展史》，当代中国出版社 2005 年版，第 146 页。

样化是不利的，国家的地权控制易形成单一的经济形式。正如张红宇所指出，政府通过强制性的垄断权力，在短短的三年间实现了从农地的地主土地所有制到“耕者有其田”的农民土地所有制的强制性制度变迁。在地权安排上实现了由旧中国竞争性地权，土地允许买卖，即地主与地主、佃农与佃农、佃农与地主竞争共存的地权结构，向替代性地权，即单一的土地农民所有的产权结构转变。[1] 但是，值得注意的是此种变迁非合意的结果，而是依靠国家权力实现的强制性转变，其过程是短暂而迅速的；对获得土地的农民而言，一方面，实现了其对土地的占有，获得了一定的经营自主权；另一方面，这种变迁的形式会给耕地农民带来一种不稳定的心理状态，地权实际上是受国家严格控制的，进而影响其生产的积极性和农村经济的进一步发展。

到了集体化时期，农村的农民土地私有制转换为集体所有制，这种转变有助于实现土地的集中和对农村生产力的整合，但是所有制的变化也会给耕地的农民带来较大的心理落差，集体的土地所有制淡化了农民的个人色彩，进一步消减了其生产的积极性。整体而言，这种制度上的不稳定性对农村经济的稳定发展会产生不利的影响，制度变迁的周期较短也反映出制度间的转换具有一定的随意性；土地改革带给农民心理上的满足感和激励作用是短暂的，其对农村经济的发展缺乏一种持续性的作用，这与国家政权初步建立的情况息息相关。不可否认的是，土地改革所带来的制度绩效也是显而易见的，“1952 年与 1949 年相比，粮食年产量平均递增 13. 14%，棉花总产量年平均递增 43. 15%。不仅迅速恢复和提高了农业生产力，而且为国家工业化的起步奠定了基础”。[2] 土地改革带来农村经济发展的同时，也为国家现代化增添了活力。

二、地权变动与农村组织网络的构建

许多学者在承认土地改革的经济意义的同时，更倾向于强调土地改革对于

---

[1] 张红宇：《中国农村土地制度变迁的政治经济学分析》，西南农业大学博士论文，2001 年，第 32 页。

[2] 张红宇：《中国农村土地制度变迁的政治经济学分析》，西南农业大学博士论文，2001 年，第 33 页。

政治动员和强化农村统治的意义。[1] 也有学者从根本上否认土地改革在经济上的积极意义，而只强调从政治的角度去诠释土地改革。例如，美国学者帕金斯在他所撰写的《中国农业的发展（1368—1968）》一书中，就认为中国土地改革的结果只是解决了政治问题，而没有解决经济问题；土地改革对生产力的消极影响与积极影响大体相抵消；土地改革对生产力的作用，“不能用任何数量方法来衡量，不管是精确的，还是粗略的”。[2] 再如，美国学者马若孟指出：“1950年以来的事实证明，50年代土地改革与其说是促进不如说是阻碍了农业生产力和产出的增长，因为这一改革消灭了私有财产，从而抑制了刺激工作和革新的动力。这显然是把集体化的后果与土地改革的后果混为一谈了，土地改革的基本目标就是要实现‘耕者有其田’的农民土地所有制，但这只是共产党乡村变革的一个环节，土改完成后很快就转入了农业合作化，土地所有制从农民私有变为国家和集体公有。事实上，土改中断了而不是土改本身导致了对农业生产力的增长。”[3] 日本学者田中恭子也对土地改革的经济意义持保留态度，她认为土地改革造成了社会的混乱、破坏和浪费，至少在短时期内没有明

---

❶ 早期的研究者韩丁注意到土地改革对于乡村社会关系建构的意义，他在书中写道：“新土地法也是检验他们政治立场的尺度。你站在哪一边？”在他看来，土地改革划出了一条明确的界线，或此或彼，将长期以来农村的自然分化推向了无以复加的程度，形成了两极的分裂和对立。弗里曼等人也指出，既然根据地的土地财富占有已经达到了相当的平均化，党的领导人推行土地改革的目标并不是财产平等，而是联合穷人反对其他人。近年来，亨廷顿从比较政治学的角度指出：对处于现代化之中的国家来说，土地改革是政治上极为突出的问题，关系到国家的长期政治稳定。对于农民来说，土地是生产的基本要素，而土地的供给量有限，农民获得土地就意味着地主失去土地，所以，农民“别无选择，只有向现存的所有权和控制体制发动进攻”。因此，“土地改革不仅意味着农民经济福利的增加，它还涉及一场根本性的权力和地位的再分配以及原先存在于地主和农民之间的基本社会关系的重新安排”。徐慧文则指出了土地改革目标和后果：树立共产党的合法性；促进农业生产的发展；摧毁传统的乡村权力结构；培养新的政治精英。她强调土地改革中出现的一些乡村政治运作方式，如阶级划分、典型示范、群众运动、培养积极分子等，对此后的乡村社会运行机制产生了深刻影响。她还指出土地改革不仅是物质资料的再分配，也是社会关系的再分配。经济学家杨小凯也同意这样的看法：土地改革虽被宣传为解放生产力的手段，但它实际被用来作为政治动员的手段，目的在于动员群众、树立起共产党的权威。在土地改革中形成的用群众运动来推动政府政策的贯彻，也成为1979年前共产党治理国家的主要手段。李康则说道：“实际土改过程虽然寥寥数年，但在村民的记忆中，在生活的空间里，土改都早已越出历史书上的那个事件概念所占据的固定时空，在线性时间的坐标轴上向前向后冰冷地伸展，在改变触角所及的同时，也改变了自身。”

❷ 转引自孙瑞鸢：“建国初期土地改革的动因、政策和成就——对《剑桥中国史》第14卷有关部分的评析”，载《中共党史研究》1994年第5期。

❸ ［美］马若孟：《中国农民经济——河北和山东的农业发展，1890—1949》，史建云译，江苏人民出版社1967年版，前言。

显的经济价值。❶

笔者在梳理江北县土地改革历史时也发现，几乎所有的土地改革政策和法令皆以“依靠贫雇农，团结中农，孤立富农，消灭地主阶级”的土地改革总路线为指导，其共同特征表现为强调阶级差别和阶级斗争。这绝不是例行公文的敷衍，而是透露出改革主导者真正的治理目的之所在。改革主导者试图通过地权的变动以推行新的土地制度，并以土地改革的形式打破农村固有的权力结构以重塑农村的社会秩序，弱化了其经济目的，凸显了其政治意义之所在。因此，土地改革在经济上的绩效是短暂而乏力的，其政治意义是长远而深刻的。

土地改革在取得巨大的效果的同时，也为后来的现代化道路埋下了隐患。土地改革没有选择和平的渐进的方式，而是采用了简单暴力或者准暴力的激进的方式，这对农村固有的日常伦理和乡村社会秩序形成了较大的冲击。虽然土地改革后确立了农民土地私有制，党和政府也积极提倡发家致富，但出于对运动伦理的担心和从贫富差别到阶级对立的恐惧，人们对财富的追求是心存芥蒂的，这对此后中国社会的发展产生了较大的影响。土地改革后重建的基层乡村政权，尽管干部文化素质较低，但对农村的管理却高效严密，这种运动式革命式的管理是一种运动和准运动式的建设道路，其更适合于投身激进式的以国家工业化为目标的农村建设之路。从某种意义上讲，之所以能够迅速跨越新民主主义阶段、农村合作化运动能够高歌猛进，一方面，是由于中央所做出的冒进政策；另一方面，其最深刻的动机乃来源于民众对农村贫富分化的担忧，也来源于阶级斗争的心理惯性。

三、地权变动与“运动型”治理方式的确立

根据福柯的话语及权力理论，话语和命名被看作是一种权力的体现。土地改革过程中的阶级划分是对乡村社会群体既定社会角色的打破和以新标准所进行的重新命名。阶级成分的划分是土地改革中最重要的工作之一。因为它决定了乡村社会成员的社会地位和每一个阶级的前途命运。一般来说，领导划阶级

---

❶ ［日］田中恭子：《土地与权力——中国的农村革命》，名古屋大学出版社 1996 年版。其基本观点转引自马场毅所撰书评，载爱知大学现代中国学会编《中国 21》1999 年卷，中国社会科学出版社 2001 年版。

成分的主体牢牢地掌握着决定权。农民的身份地位和阶级属性是以共产党制定政策和相关法令为标准加以识别和赋予的，这与各种稀缺资源的配置相关，也是对他们命运的一种根本裁决。中国共产党以阶级成分划分的方式对乡村社会群体进行了重新命名和阶级序列的划分，摧毁了传统乡村社会关系和经济基础，也为广大农民群众广泛地参与土地改革这场伟大的社会变革运动提供了现实基础。

地权变动完成以后，成功组建了农会组织和民兵组织，士绅阶层被农民积极分子所组成新的乡村领导集团取代。农民积极加入中国共产党，并在党员中占有较大的比重。随着共产党政权以这些新的乡村组织为基础日益牢固地建立起来，国家中央管理系统也随之完善，改变了作为农民集居的村庄在地方上的孤立状态，党和国家的一体化政治体系得到了农民的较高认同，农民被纳入了国家的管理系统中，乡村与国家的制度联系也因此而建立。全国建立起上下相通、城乡相通的统一政权，以县乡基层政权和党的农村基层组织为依托，国家将权力延伸至自然村。这样，阶级成分划分改变了农村社会原来的权力结构、阶级与身份地位的认知评价，在政治上成功地扩张了国家权力的边界，重塑了国家与乡村社会的关系，改变了乡村权力结构及其运作方式，确立了运动型乡村治理模式，从而为此后各种乡村变革举措提供了基本的条件和示范，其意义远远超出土地制度变革本身，而成为 20 世纪后半期中国乡村“有计划的社会变迁”的宏伟开端。❶

传统中国乡村社会是受传统因素影响较深的农业社会，以一家一户为主的小农经济是农民生产和生活的主要方式。梁漱溟把中国传统的乡村社会定性为“伦理社会”。而费孝通则将其特征表述为“差序格局”，在这种“差序格局”中，农民们习惯于“按照群落和亲族关系（如宗族成员、邻居和村落），而不是按照被剥削阶级和剥削阶级”❷ 方式来看待农村中人与人之间的关系。在新中国成立初期，国家权力的触角并没有完全深入到农村，中国的城市与农村大体处于二元割据状态，尚未进行土地改革的农村大多采用乡绅和宗族治理模式。

---

❶ 李里峰：《变动中的国家、精英与民众——土地改革与华北乡村权力变迁（1945—1953）》，南开大学历史学院博士后研究报告，2004 年。

❷ ［美］弗里曼、毕伟克、赛尔登：《中国乡村：社会主义国家》，陶鹤山译，社会科学文献出版社 2002 年版，第 124 页。

地权变动对人们的心理观念最主要的影响在于塑造了以阶级斗争为核心的革命心理。对此，吴毅指出：“通过土地改革，不仅传统的等级结构被革命所颠覆，昔日村里的上等人沦落到了社会的底层，更为重要的是，随着以阶级和阶级斗争为内核的革命性新政治话语的输入，村落政治文化和社会价值观被重新建构。根据新的政治话语，过去处于村庄社会结构底层和边缘的贫苦农民现在成为村庄和国家的主人，他们有了在政治上翻身与当家做主的感受。”这种政治地位和社会心理的巨大变化，正是土地改革的重要意义所在。❶

土地改革创立了以区分不同阶级为基点的“运动型”治理模式，其对之后中国社会的发展以及法制建设产生了深远的影响。土地改革结束后，阶级区分仍然以不同形式存在并被广泛地运用到以土地改革为开端的一系列运动中，成为不断制造敌人、实现乡村动员和治理的手段。尽管土地改革所带来的土地所有制转变的成果迅速地被农村合作化运动所吞噬，但是以土地占有关系及其剥削关系为基础而进行的阶级成分划分却持久而广泛地存在着，基层干部对阶级话语的滥用以及忆苦思甜等原因而使之得到了强化，这种身份标签在短期内是难以改变的，并成为一种常态化的特征体现。在此后的集体化、大跃进、人民公社、“四清”以及“文革”等各种群众运动中，地主、富农、反革命分子以阶级敌人的身份反复出现在乡村的政治舞台上，成为群众运动所指向的对象，身份的不同决定了其不同的社会地位和命运。

四、地权变动对未来社会及法治建设的影响

新中国成立初期的地权变动是以从中央到地方一系列的土地改革政策和法令为依据而开展的。《土地改革法》为全国土地改革的根本指导文件，其总结了以往土地改革的经验，为新中国成立初期的土地改革运动提供了重要的法律依据。此外，为了使土地改革运动更加正当有序地开展，中央又出台了《农民协会组织条例》《关于划分农村阶级成分问题的指示》《城市郊区土地改革实施办法》《人民法庭组织条例》等一系列法律法规和相关规定，以配合《土地改革法》的实施。各地方从本地实际出发，也制定出相应的地方法规，以

❶ 吴毅：“从革命到后革命：一个村庄政治运动的历史轨迹——兼论阶级话语对于历史的建构”，《学习与探索》2003 年第 2 期。

指导其土地改革工作的有效进行。简言之，在新中国成立初期复杂的社会背景下，与土地改革相关的法律文件使土地改革工作得以有序进行，维护了其正当性和合法性，保障了土地改革运动的顺利进行。

综合考察整个法律法规的制定过程，可以发现，其缺乏长远的立法规划。虽然也有按照立法计划而制定的《土地改革法》等一系列法律文件，但大多数法律文件是在运动发展起来以后，根据当时的具体情况而制定的，具有明显的临时性和不稳定性等特点。这也为具体工作中出现的各种失误埋下了隐患。对于新中国成立初期法规不健全不完善的状况，负责党的法制工作的董必武同志曾在1954年全国人大第一次会议上做过专门总结。他说："中华人民共和国建国之初，曾有人主张在那时候就制定出一套完备细密的法律，这是脱离实际的主观主义的想法。因为在当时的军事行动和领导广大人民群众进行土地改革、镇压反革命等社会改革运动中，我们还只能根据需要和可能，总结已成熟的经验，制定一些单行法规、通则性的法律、法令，不可能也不应该主观地、生硬地制定一套所谓完备的法律。如果硬要这样做，其结果只能是不合乎实际，只能是束缚群众手足。"[1]这一说法是符合历史事实的。法律法规的制定与完善是一个渐进的过程。党领导广大农民群众首先遵照既定的法律法规进行实践，从而发现其中的新情况、新问题，并提出相应的修正和完善建议，进而制定出一部与实践相适应的较完善的法律。例如，在《土地改革法》的制定过程中，首先是带着一定的理念和价值（废除剥削制度）进行实践，在总结实践经验的基础上制定试行规则（《土地法大纲》），然后依据试行规则进行实践，根据规则试行情况再完善；最后，以此为基础制定正式的法律文件，即《土地改革法》，《土地改革法》在实施过程中，仍然可以加以解释、说明及补充。

由于缺乏完备的法律法规，在地权变动过程中出现较大的错误和偏差是不可避免的。因为相关的法律法规在制定出来以后就成为既定的、必须遵循的规定，而具体的土地改革所面临的复杂环境具有不确定性，并且纸上的法在实施过程中其本身就会出现偏差，理论上的法和行动中的法会出现背离。立法目的可能在具体的法律实践中偏离其既定的轨道。按照法社会学关于"行动中的法"的分析路径，法律法规在具体实施过程中会呈现出较好地得到执行、很

---

[1] 董必武：《董必武法学文集》，法律出版社2001年版，第235页。

少执行、没有实际执行或根本无法执行等几种情形，亦即法律表达与法律实践之间存在着巨大的张力。

如前文所述，纸上的法的贯彻实施需要现实力量的推进。从新中国成立初期的地权变动实践来看，法的实施力量来源于具有浓厚革命色彩的群众运动。但群众运动这种形式不易于控制，会超出法律的边界而背离法律，从而出现法律被架空的现象，法的实施也就无从谈起。而且法在实施过程中的偏差只有达到较为严重的程度才会得到纠正。正如，董必武同志分析全国解放后大规模的群众运动对于法制建设的不利影响所指出的："革命的群众运动是不完全依靠法律的，这可能带来一种副产物，助长人们轻视一切法制的心理，这也就增加了党和国家克服这种心理的困难。""群众运动是不完全依靠法律的，甚至对他们自己创造的表现自己意志的法律有时也不大尊重。"❶

此外，在新中国成立初期的法制初创阶段，立法存在诸多不完善和不健全之处，依政策办事是较为常见的，这也从客观上反映了当时的法制发展状况。但是过度依赖政策会削弱法律的权威和其在现实生活中的作用，甚至会导致党的政策凌驾于法律之上。重政策轻法律会使已制定的法律难以发挥其固有的治理作用而失去独立的品格，而且政策在一定程度上具有不稳定性，不利于形成良好的社会秩序。已制定的法律得不到遵守是背离法治精神的，对社会的长期稳定发展是不利的。法律和国家政策应当在各自的范围内发挥作用，不能超出其固有的边界，法律非临时性的统治工具，也不能给政策披上法律的外衣使其成为政策性的宣言。

总体而言，新中国成立初期地权变动中的法律文件有其特定的历史使命而非常态性的立法，因此，诸多的法律文件本身就具有临时性的特点。地权变动完成后，这些法律文件也就失去了其适用的时空条件而遭废弃。综合考察这一时期所创建的制度、制定的法律、出台的政策等基本上是法制建设的一种尝试，而非一种持续性的制度构建。例如，土地改革中人民法庭的作用更多地体现为实现地权变动的保障性工具，而非作为国家正常的司法机关发挥作用，这种做法是与法治的精神相背离的，是不可取的。

---

❶ 董必武：《董必武政治法律文集》，法律出版社1986年版，第368、436、196页。

结　语

从地权变动的影响来看，一方面，其实现了土地所有权的变革、为农村经济的发展注入了活力；另一方面，也为此后中国农村社会的发展提供了一种运动型治理模式，形成了乡村社会的基本治理格局，重新厘定了国家与乡村社会的关系，打破了传统乡村社会的权力结构与运作方式，不失为一次深刻的社会变革。作为思想革命的土地变革也极大地影响到民众行为和心理习惯。应该说，江北县地权变动的完成是以一系列的从中央到地方的法律文件为依托而推进的。以《土地改革法》为核心的一系列法律法规在推动地权变动的实现中发挥了至关重要的作用，在一定程度上也推动了新中国成立初期法制建设的发展。但是不可否认的是，以地权变动为中心的立法有其时代的局限性，这与土地改革本身的性质息息相关，同时也受当时立法水平的限制。具体而言，与地权变动相关的诸多规定是较为粗糙的、缺乏一定的可操作性，其立法也具有一定的滞后性。因此，地权变动实践会出现与立法相背离的现象。究其原因，主要在于群众运动、革命话语与法制建构间“二律背反”式的两难以及“纸上的法”与“行动中的法”存在着一定的张力。法的实施的推动力量在于群众运动，这就决定了法的实施过程中会有一定的不稳定性与不确定性。值得注意的是，新中国成立初期地权变动立法本身就是为社会过渡而发挥作用的一种工具性的存在，不具有发展的可持续性，也不能建立起真正的法律秩序。此外，法律贯彻实施所依赖的群众运动更强调群众的作用，这会消解法的作用。法与国家政策的含混不清也降低了法的权威。因此，新中国成立初期的地权变动立法是一种非常态的现象，从立法到法的实施也印证了这一点。我们应当认真反思这段法制旧路。

参考文献

一、中文参考文献

[1] 中央人民政府法制委员会. 中央人民政府法令汇编 [M]. 北京：人民出版社，1953.

[2] 中央档案馆. 解放战争时期土地改革文件选辑 [M]. 北京：中共中央党校出版社，1981.

[3] 中央法制委. 中央人民政府法令汇编（1949—1950）[M]. 北京：法律出版社，1982.

[4] 中共中央党校党史教研室. 三民主义历史文献选编 [R]. 中共中央党校科研办公室，1987.

[5] 中共中央组织部，等. 中国共产党组织史资料：第5卷 [M]. 北京：中共党史出版社，2000.

[6] 新华书店华东分店编辑部. 土地改革手册 [M]. 上海：新华书店华东分店，1950.

[7] 国立西南人民图书馆编印. 土地改革法资料索引：第1辑 [R]. 1950.

[8] 云南省人民政府. 云南省德宏族景颇族自治区傣族地区和平协商土地改革文件汇编 [R]. 1953.

[9] 建国以来党的历史文献选编：第3册 [M]. 北京：中央文献出版社，1992.

[10] 张培田. 新中国法制研究史料通鉴 [M]. 北京：中国政法大学出版社，2000.

[11] 毛泽东. 毛泽东农村调查文集 [M]. 北京：人民出版社，1982.

[12] 张闻天. 神府县兴县农村调查 [M]. 北京：人民出版社，1985.

[13] 薄一波. 若干重大决策与事件的回顾：上卷 [M]. 北京：中共中央党校出版社，1991.

[14] 杜润生. 杜润生自述：中国农村体制变革重大决策纪实 [M]. 北京：人民出版社，2005.

[15] 董必武. 董必武法学文集 [M]. 北京：法律出版社，2001.

[16] 董必武. 董必武政治法律文集 [M]. 北京：法律出版社，1986.

［17］毛泽东选集：第 1 卷［M］. 北京：人民出版社，1991.
［18］毛泽东选集：第 4 卷［M］. 北京：人民出版社，1991.
［19］刘少奇. 刘少奇文集：下卷［M］. 北京：人民出版社，1985.
［20］邓小平. 邓小平文选：第 3 卷［M］. 北京：人民出版社，2004.
［21］项成新. 青田县土改运动［R］. 温州医学院印刷厂承印，1994.
［22］我们参观土地改革以后［M］. 北京：五十年代出版社，1951.
［23］周农. 怎样进行土地改革［M］. 上海：通俗文化出版社，1950.
［24］埃德加·斯诺. 斯诺眼中的中国［M］. 北京：中国学术出版社，1982.
［25］丹尼斯·吉尔伯特，约瑟夫·A. 卡尔. 美国阶级结构［M］. 北京：中国社会科学出版社，1992.
［26］弗里曼，毕克伟，赛尔登. 中国乡村，社会主义国家［M］. 北京：社会科学文献出版社，2002.
［27］韩丁. 翻身——中国一个村庄的革命纪实［M］. 北京：北京出版社，1980.
［28］伊莎贝尔·柯鲁克，大卫·柯鲁克. 十里店：中国一个村庄的群众运动［M］. 北京：北京出版社，1982.
［29］杜赞奇. 文化、权力与国家——1900—1942 年的华北农村［M］. 南京：江苏人民出版社，1996.
［30］塞缪尔·亨廷顿. 变化社会中的政治秩序［M］. 北京：生活·读书·新知三联书店，1989.
［31］戴维·格伦斯基. 社会分层［M］. 北京：华夏出版社，2005.
［32］莫里斯·迈斯纳. 毛泽东的中国与后毛泽东的中国［M］. 杜蒲，李玉玲，译. 成都：四川人民出版社，1990.
［33］R. 麦克法夸尔，费正清. 剑桥中华人民共和国史：革命中国的兴起（1949—1965 年）［M］. 北京：中国社会科学出版社，1990 .
［34］理查德·伊文思. 邓小平传［M］. 上海：上海人民出版社，1996.
［35］黄宗智. 中国乡村研究：第 2 辑［M］. 北京：商务印书馆，2003.
［36］黄宗智. 中国乡村研究：第 4 辑［M］. 北京：社会科学文献出版社，2006.
［37］詹姆斯·R·汤森，布兰特利·沃马克. 中国政治［M］. 顾速，董方，译. 南京：江苏人民出版社，1994.
［38］罗斯科·庞德. 社会法理学论略［M］. 陆鼎揆，译. 北京：商务印书馆，1926.
［39］马若孟. 中国农民经济——河北和山东的农业发展，1890—1949［M］. 史建云，译. 南京：江苏人民出版社，1967.
［40］绀野与次郎. 日本农村阶级分析［M］. 北京：世界知识出版社，1964.

[41] 埃利亚斯·卡内提. 群众与权力 [M]. 北京：中央编译出版社，2003.
[42] 马克思恩格斯选集：第32卷 [M]. 北京：人民出版社，1975.
[43] 杜润生. 中国的土地改革 [M]. 北京：当代中国出版社，1996.
[44] 张永泉，赵泉钧. 中国土地改革史 [M]. 武汉：武汉大学出版社，1985.
[45] 罗平汉. 土地改革运动史 [M]. 福州：福建人民出版社，2005.
[46] 董志凯. 解放战争时期的土地改革 [M]. 北京：北京大学出版社，1987.
[47] 陈益元. 革命与乡村——建国初期农村基层政权建设研究：1949—1957以湖南省醴陵县为个案 [M]. 上海：上海社会科学出版社，2006.
[48] 王友明. 革命与乡村——解放区土地改革研究：1941—1948以山东莒南县为个案 [M]. 上海：上海社会科学出版社，2006.
[49] 周立波. 暴风骤雨 [M]. 北京：人民文学出版社，1952.
[50] 蒲坚. 中国历代土地资源法制研究 [M]. 北京：北京大学出版社，2006.
[51] 赵冈. 历史上的土地制度与地权分配 [M]. 北京：中国农业出版社，2003.
[52] 何东，等. 中国共产党土地改革史 [M]. 北京：中国国际广播出版社，1993.
[53] 沈汉. 英国土地制度史 [M]. 上海：学林出版社，2005.
[54] 左学德，吴玲，等. 日本社会历史转型时期的土地问题研究 [M]. 哈尔滨：黑龙江人民出版社，2005.
[55] 陈翰笙. 解放前的地主与农民——华南农村危机研究 [M]. 北京：中国社会科学出版社，1936.
[56] 张柠. 土地的黄昏 [M]. 北京：东方出版社，2005.
[57] 中国古代地主阶级研究论集 [M]. 天津：南开大学出版社，1984.
[58] 秦晖，苏文. 田园诗与狂想曲——关中模式与前近代社会的再认识 [M]. 北京：中央编译出版社，1996.
[59] 宋林飞. 西方社会学理论 [M]. 南京：南京大学出版社，1997.
[60] 陈万灵. 农村社区变迁 [M]. 北京：中国经济出版社，2002.
[61] 吴怀连. 农村社会学 [M]. 合肥：安徽人民出版社，1991.
[62] 姜爱林. 土地政策基本问题研究 [M]. 北京：中国大地出版社，2001.
[63] 江平. 中国土地立法研究 [M]. 北京：中国政法大学出版社，1999.
[64] 徐勇. 乡村治理与中国政治 [M]. 北京：中国社会科学出版社，2003.
[65] 沈守愚. 土地法学通论 [M]. 北京：中国大地出版社，2002.
[66] 朱新山. 乡村社会结构与组织重构 [M]. 上海：上海大学出版社，2004.
[67] 王思明，姚兆. 20世纪中国农业与农村变迁研究——跨学科的对话与挑战 [M]. 北京：中国农业出版社，2003.

［68］李拓．新时期中国阶级阶层结构问题研究［M］．北京：中国财政经济出版社，2002.

［69］于建嵘．岳村政治［M］．北京：商务出版社，2004.

［70］费孝通．江村经济［M］．北京：商务出版社，2004.

［71］胡伊默．土地改革论［R］．中华大学经济学会，1949.

［72］孟南．中国土地改革问题［M］．香港：新民主出版社，1948.

［73］瞿同祖．中国法律与中国社会［M］．北京：中国政法大学出版社，2004.

［74］赵效民．中国土地改革史 1921—1949［M］．北京：人民出版社，1990.

［75］许涤新．政治经济学辞典［M］．北京：人民出版社，1980.

［76］何高潮．地主·农民·共产党——社会博弈论分析［M］．牛津：牛津大学出版社，1997.

［77］姜义华．理性缺位的启蒙［M］．上海：三联书店，2000.

［78］张乐天．告别理想：人民公社制度研究［M］．上海：东方出版中心，1998.

［79］周晓虹．传统与变迁：江浙农民的社会心理及其近代以来的嬗变［M］．上海：三联书店，1998.

［80］赵震江．中国法律四十年［M］．北京：北京大学出版社，1990.

［81］费孝通．乡土中国［M］．北京：北京大学出版社，1985.

［82］张希坡．革命根据地法制史［M］．北京：法律出版社，1993.

［83］陈荷夫．土地与农民：中国土地革命的法律与政治［M］．沈阳：辽宁人民出版社，1988.

［84］冯金武，李明金．毛泽东思想与中国共产党的实践［M］．北京：改革出版社，1992.

［85］冯崇义，等．华北抗日根据地与社会生态［M］．北京：当代中国出版社，1998.

［86］中国人民大学国家与法权理论教研室．论人民民主专政和人民民主法制［M］．北京：中国人民大学出版社，1958.

［87］陈逸达．虹风骤雨：中共东北土地改革 1945—1948［D］．台湾大学历史学研究所，1994.

［88］林文凯．土地契约制度与地方治理——十九世纪台湾淡新地区土地开垦与土地诉讼的历史制度分析［D］．国立台湾大学社会学研究所，2006.

［89］王皓正．耕地三七五减租条例司法实务与社会变迁［D］．台湾大学法律学研究所，2006.

［90］李里峰．变动中的国家、精英与民众——土地改革与华北农村［D］．南开大学历史学院，2004.

［91］孙艳红．战乱与革命的村庄记忆：冀北川村土改前后的村庄［D］．北京大学社会学系，2005.

[92] 刘洋．“征服”：一个村庄土地改革的口述史研究［D］．北京大学社会学系，2004.
[93] 王兵．土地改革与乡村控制：新中国土地改革意义的再分析［D］．北京：北京大学，2005.
[94] 李康．西村十五年：从革命走向革命——1938—1952 冀东村庄基层组织机制变迁［D］．北京：北京大学，1999.
[95] 张景森．虚构的革命：国民党土地改革政策的形成与转化（1905—1989）［J］．台湾社会研究季刊，1992（4）.
[96] 裴宜理．重访中国革命：以情感的模式［J］．中国学术，2001（4）.
[97] 赵黎，张兰英．解放初四川省土地改革及其意义［J］．中共成都市委党校学报，2003（1）.
[98] 栾雪飞，刘颖．20 世纪 50 年代初大陆与台湾土地改革比较［J］．东北师大学报：哲学社会科学版，2001（6）.
[99] 冯开文．从土地改革转入农业合作化的制度变迁机理分析——对有关的几种观点的评析［J］．中国农史，1999（8）.
[100] 汪柏树．徽州土地改革前后的土地卖契［J］．黄山学院学报，2005（4）.
[101] 白纯．苏南土改中的划分阶级成分和反封建问题［J］．江苏大学学报：社会科学版，2004（3）.
[102] 李良玉．建国初期的土地改革运动［J］．江苏大学学报：社会科学版，2004（1）.
[103] 莫宏伟．苏南土地改革中的富农问题［J］．江苏大学学报：社会科学版，2004（3）.
[104] 王瑞芳．新中农的崛起：土改后农村社会结构的新变动［J］．史学月刊，2003（7）.
[105] 杜润生．关于中国的土地改革运动［J］．中共党史研究，1996（6）.
[106] 罗平汉．邓小平与新解放区急性土改的停止［J］．文史天地，2004（3）.
[107] 秦立海．试论解放区土地改革所引起的农村社会变革［J］．济南大学学报：社会科学版，2003（5）.
[108] 冯绍霆．解放初期上海郊区土地改革实证研究［J］．上海行政学院学报，2000（2）.
[109] 吕新民．河北第二阶段土地改革综述［J］．档案天地，2003（1）.
[110] 吴凤华．建国初期土地改革运动中富农政策的形成［J］．中学历史教学参考，1999（4）.
[111] 孙瑞鸾．建国初期土地改革的动因、政策和成就——对剑桥中国史第 14 卷有关部分的评析［J］．中共党史研究，1994（5）.

［112］余君．建国初期土地改革与中国现代化的发展［J］．党史研究与教学，2002（5）．
［113］张振朝，韩能跃．晋冀鲁豫边区政府土地改革政策研究［J］．河北学刊，2002（6）．
［114］王瑞芳．土改后的中国富农：从保存、限制到消灭［J］．河南社会科学，2004（5）．
［115］余君．土地改革的现代化透视［J］．理论月刊，2002（11）．
［116］曲丰霞．毛泽东土地改革理论和政策研究综述［J］．毛泽东思想研究，2003（6）．
［117］俞国，陆亚玲．论土地改革后农村阶级关系的新变化［J］．扬州教育学院学报，2003（2）．
［118］温小雁．关于土改后农村“两极分化”问题的思考［J］．广东教育学院学报，2000（1）．
［119］张永泉．关于土地改革的总路线（上）［J］．杭州教育学院学报，1999（5）．
［120］侯松涛．建国初期农村基层政权的建构——山东省郯城县个案研究［J］．党史研究与教学，2004（2）．
［121］郑道传．国家对富农经济采取限制和逐步消灭的政策［J］．厦门大学学报：哲学社会科学版，1955（1）．
［122］沈沛．新民主主义革命对社会主义现代化的影响［J］．渭南师范学院学报，2004（3）．
［123］莫宏伟．土地改革后苏南土地交换、租佃和买卖的历史考察［J］．广西社会科学，2005（2）．
［124］孟芳．瓦解与重建——解放战争时期土地改革对农村宗族的影响［J］．船山学刊，2004（4）．
［125］宇赟．对新民主主义时期土地法制的理性思考［J］．延安大学学报：社会科学版，2005（6）．
［126］郑有贵，董彦彬，焦红坡．土地改革研究综述［J］．中共党史研究，2000（6）．
［127］李立志．土地改革与农民社会心理变迁［J］．中共党史研究，2002（4）．
［128］张超．土地改革与国共政权之沉浮（1927—1937）［J］．浙江社会科学，2004（3）．
［129］高璐．论国民党大陆时期土地改革未能成功的根本原因［J］．安徽史学，1998（3）．
［130］刘颖．建国初土地改革浅析［J］．长春理工大学学报：社会科学版，2001（3）．
［131］吕新民．河北第二阶段土地改革综述［J］．档案天地，2003（1）．
［132］张新光．论中国农地产权制度市场化改革的思想障碍［J］．南京师大学报：社会科学版，2005（1）．

[133] 王环. 土地改革的农业现代化透视 [J]. 聊城大学学报：社会科学版，2005 (5).
[134] 江业文. 新中国户籍制度的历史形成及历史地位探析 [J]. 广西社会科学，2004 (1).
[135] 莫长松. 关于建立农村社会保障制度的思考 [J]. 湖湘论坛，2004 (1).
[136] 吴敏先，祝志男，朱昌裕. 近年来共和国史研究视点回顾 [J]. 东北师大学报：哲学社会科学版，2004 (4).
[137] 王立民. 上海土地改革立法与近郊农村的发展 [J]. 社会科学，2005 (4).
[138] 孙平. 论党的土改政策的成熟和完善——兼谈中华人民共和国土地改革法 [J]. 黔南民族师范学院学报，2003 (4).
[139] 郎迎洁. 中华人民共和国土地改革法颁布的前前后后 [J]. 纵横，2001 (1).
[140] 郑有贵. 土地改革是一场伟大的历史性变革——纪念中华人民共和国土地改革法颁布 50 周年 [J]. 当代中国史研究，2000 (5).
[141] 周约三. 土地改革对消灭封建关系及发展生产力的意义——纪念中华人民共和国土地改革法公布三十二周年 [J]. 史学月刊，1982 (4).
[142] 何之光. 土地改革法的夭折 [J]. 炎黄春秋，2006 (8).
[143] 喻权域. 土地改革法何曾"夭折"——四川土地改革亲历记 [J]. 中华魂，2007 (1).
[144] 叶明勇. 土地改革政策与"和平土改"问题评析——兼与何之光土地改革法的夭折一文商榷 [J]. 当代中国史研究，2007 (4).
[145] 刘志愚. 邓小平与西南土地改革 [J]. 四川档案，2004 (4).
[146] 郎维伟，张朴，罗凉昭. 试论西南民族地区实行土地改革的实践 [J]. 贵州民族研究，2004 (4).
[147] 周锡瑞. "封建堡垒"中的革命：陕西米脂杨家沟 [M] //冯崇义，等. 华北抗日根据地与社会生态. 北京：当代中国出版社，1998.
[148] 郭于华，孙立平. 诉苦：一种农民国家观念的形成机制 [J]. 中国学术，2002 (4).
[149] 黄宗智. 中国法律制度的经济史、社会史、文化史研究 [M] //北大法律评论：第 2 卷第 1 辑. 北京：法律出版社，1999.
[150] 秦晖. 封建社会的关中模式——土改前关中农村经济研析之一 [J]. 中国经济史研究，1993 (1).
[151] 沙柳. 中国共产党和平解决土地问题的尝试 [J]. 中南财经大学学报，1996 (5).
[152] 吴毅. 从革命到后革命：一个村庄政治运动的历史轨迹——兼论阶级话语对于历史的建构 [J]. 学习与探索，2003 (2).

［153］李里峰．土改中的诉苦：一种民众动员技术的微观分析［J］．南京大学学报，2007（5）．

［154］蔡定剑．阶级斗争与新中国法制建设——建国以来法学界重大事件研究（十一）［J］．法学，1998（4）．

［155］孙瑞鸢．建国初期土地改革的动因、政策和成就——对剑桥中国史第14卷有关部分的评析［J］．载中共党史研究，1994（5）．

［156］张乐天．道德、仪式与农民的行为——对1950年代初浙北农村的文化解读［M］//中国研究：春季卷，北京：社会科学文献出版社，2005：14．

［157］邓正来．“国家与社会”研究框架的建构与限度［M］//王铭铭，王斯福．乡村社会的秩序、公正与权威．北京：中国政法大学出版社，1997：612．

［158］张鸣．动员结构与运动模式——华北地区土地改革运动的政治运作（1946—1949）［J］．二十一世纪网络版，2003（15）．

［159］张凯峰．土地改革与中国农村政权［J］．香港二十一世纪：网络版，2004年9月30日。

［160］杨小凯．百年中国经济史笔记（三）：中华人民共和国经济史［EB/OL］．中国农村研究网，http：//www. civillaw. com. cn/article/default. asp？id＝23876．

二、外文参考文献

［1］JOHNSON CHALMERS.，A. Peasant Nationalism and Communist Power：the Emergence of Revolutionary China 1937—1945［M］. Stanford，Calif.：Stanford University Press，1962.

［2］LEVINE，STEVENI. Anvil of Victory—The Communist Revolution in Manchuria，1945—1948［M］. New York：Columbia University Press，C1987.

［3］THAXTON，RALPH. China Turned Right side Up：Revolutionary Legitimacy in the Peasant World［M］. New Haven：Yale University Press，C1983.

［4］POPKIN，SAMUEL L. The Rational Peasant the Political Economy of Rural Society in Vietnam［M］. Berkeley：University of California Press，C1979.

［5］VIVIENNE SHUE. Peasant China in Transition：The Dynamics Development Toward Socialism，1949—1956［M］. Berkeley：University of California Press，1980.

［6］VICTOR D. LIPPIT. Land Reform and Economic Development in China，A Study Institutional Change Development Finance［M］. White Plains，NY：International Arts and Sciences Press，1974.

［7］JACK GRAY. Political Aspects of the Land Reform Campaigns in China，1947—1952［J］. Soviet Studies，1964，16（2）.

[8] JOHN WONG. Land Reform in the People's Republic of China, Institutional Transformation in Agriculture [M]. New York: Praeger, 1973.

[9] JOSEPH W., ESHERICK. Number Game: A Note on Land Distribution in Prerevolutionary China [J]. Modern China, 1981, 7 (4), pp. 387 - 441.

[10] PHILIP C. C. Huang: Rural Class in the Chinese Revolution: Representational and Objective Realities From the Land Reform to the Cultural Revolution [J]. Modern China, 21 (1), Symposium.

[11] PHILIP C. C. Huang: Analyzing the Twentieth - Century Chinese Countryside Revolutionaries Versus Western Scholarship [J]. Modern China, 1975, 1 (2).

[12] WILLIAM HINTON. The Importance of Land Reform in the Reconstruction of China [J]. Monthly Review (New York, N. Y.) V50 No 3.

[13] ROBERT ASH. Economic Aspects of Land Reform in Kiangsu, 1949—1952 [J]. The China Quarterly, 1976 (66), pp. 261 - 292.

[14] JEAN C. Oi, Two Decades of Rural Reform in China: An Overview and Assessment [J]. The China Quarterly, No. 159, Special Issue: The People's Republic of China after 50 Years. 1999, pp. 616 - 628.

[15] XIAOLIN PEI. The Contribution of Collective Landownership to China's Economic Transition and Rural Industrialization: A Resource Allocation Model [J]. Modern China, 2002, 28 (3), pp. 279 - 314.

[16] WILLIAM M. LANDES, RICHARD A. POSNER. The Private Enforcement of Law [J]. Journal of Legal Studies, 1975 (4), p. 1.

[17] BEN STAVIS. China and Comparative Analysis of Land Reform [J]. Modern China, 1978, 4 (1).